JN113019

秋田・ムラは
どうなる

佐藤晃之輔

KONOSUKE SATO

秋田・ムラは
どうなる

目　次

県　南

序章

■この本は問題を提起した書

この本は、「地域のガイドブック」でもなければ「学校の記録」でもない。「ムラ（農山村）が今後どうなるのか」「今、何をやらなければならないのか」を考えてもらいたい思いから、問題を投げかけた書である。

多くの方（特に政治に携わる人たち）が目にし、他人ごとにしないで真剣に解決策を探ってほしいと思う。

■どこまで続く秋田県の人口減少

令和2年4月25日の地元紙・秋田魁新報に「県人口96万人割れ」の記事が掲載された。この1年間で県人口は1万4356人減少し95万6346人になったという内容だった。私の住む大潟村が3164人、隣町の八郎潟町が5751人、井川町が4664人（いずれも令和元年末）なので、この3町村とほぼ同程度の人数である。

秋田県の人口が最も多かったのは昭和31年（1956）の134万9936人で、その後年々減少をたどり現在の数になった。29％の減少である。一覧表にすると次のとおりである。

【秋田県の人口の推移】

年	昭和30年	同31年	同32年	同40年	同50年	平成元年	令和2年
人数	1,348,871	1,349,936	1,346,745	1,279,835	1,232,481	1,232,115	956,346

〈平成29年に995,374人となり100万人の大台を割る〉

■昭和の合併時と現在の人口比較

秋田県では、昭和30年(1955)、同31年にかけて町村合併が行われた。いわゆる昭和の合併である。その結果、4市220町村から8市64町村に集約された。

『秋田県町村合併誌』(県町村会編・昭和35)によると、農山村部の人口が最も多かったのはこの時期のようである。合併後、高度経済成長が始まり、農山村部から都市部へ、また県外へと人口が流失した。それが年を追うごとに加速し、農山村地域は深刻な過疎化に直面することになった。

この220の町村を合併時と令和元年末の人口を比較すると、3分の1に近い67町村が60%以上減少していることが分かった。

第1章では昭和の合併、平成の合併の推移と併せ、その時点の人口を掲載して一覧表にした。

■より深刻なのは児童数の減少

これ以上に深刻なのは児童数の減少である。昭和33年(1958)度に22万199人を数えた児童数は、令和元年度は4万1381人になった。81%の減少である。言い換えれば5分の1を切る人数になったのである。県人口29%減どころの話ではない。

特に、農山村部の児童数の減少が甚だしい。20分の1になった所も数多い(2章参照)。

これに伴い、秋田県からは320校余りの小学校が廃校になった。その結果、農山村部からは多くの学校が消えてしまった。

児童数の推移と小学校数を一覧表にすると次のとおりである。

【秋田県の児童数と小学校数の推移】

年度	昭和32年	同33年	同34年	同40年	同50年	平成元年	令和元年
児童数	212,082	220,199	218,807	158,358	108,522	96,669	41,381
学校数	521	518	512	492	406	338	195

■児童数は将来の人口を占う指標

現在の児童数は未来の秋田県の人口を占う指標であると思う。私は中学時代に数学の授業で色々な公式を教わった。その一つに「比例」がある。そこで私が思いついたのが、「将来の人口は、現在の児童数の減少率に比例する」という算式（以下サトウ試算と呼ぶ）である。数学の公式のようにぴったり当てはまるとは思わないが、大きく外れた答えにはならないであろう。

それでは、将来とはいつなのか？それは40年後の2060年である。なぜ40年後かは、特に深い根拠はないが、今の子供たちが50歳前後となって社会の中核を担い、時代も令和から新しい時代を迎えているという発想である。この単純な考えを軽視してはならない。

この算式で具体的に40年後の秋田県の人口を算出する

と次のようになる。

1,349,936 ：	X	＝	220,199 ：	41,381
（最多人口）	（40年後の人口）		（最多児童数）	（現在の児童数）

X＝253,652

■40年後の人口は25万人

40年後の秋田県の人口はなんと25万3652人である。とても信じられない数字である。いや信じたくない数字である。こんなバカなことが起こるはずがないと誰もが思うであろう。当の私もそう思う。

この答えが正解か不正解かは40年後でなければ分からない。40年後には私はこの世にいないので、その時の人たちが、○か×かの判定を下してくれるであろう。

ここで断っておくが、私はサトウ試算が正しかったと、証明されることを望んではいない。むしろ誤りであってほしい。「西暦2000年に人類は滅亡する」というノストラダムスの予言が外れたように。

ただ何の対策もなくこのままズルズル進めば、サトウ試算が正解になるだろう。諸々の対策が講じられ、サトウ試算が当たらないようにと願うのである。

■旧小学校区は生活圏の基礎

「村に不学の戸なく、家に不学の人なからしめん」、明治新政府は新しい国づくりの基礎として教育に力を入れる方針を打ち出した。これに伴い県内では「オラのムラ（地区）にも学校を」と行動を起こした。県内各校の「創立120周年記念誌」や「閉校記念誌」をひもとくと、土地を提供したり、建築資材を持ち寄ったりして実現した学校が多いことが分かる。このように旧小学校の学区は、住民の連帯意識が強く生活圏の基礎であり、小学校を中心にした文化圏（祭りや行事）でもあった。

■地区イコール学区としてまとめる

人口の減少、児童数の減少、学校の閉校、この三つをどのように組み合わせて紹介しようかと考えたが、なかなか良い案が浮かばなかった。色々思い巡らしていたところ、ふと頭に浮かんだのが小学校の学区を一単位にし、地区に置き換えてまとめる方法だった。前述したように旧小学校の学区は、生活圏の基礎であったので、学区イコール地区の考え方に立ったのである。

この方法だと、旧町村で減少率60％以上、以内にかかわらず減少が進んでいる地区（学区）を取り上げることができる。反面、分校のような小さい学区から町村全体が一学区という広範囲な所もあり、アンバランスになるという欠点がでてくる。このように一長一短があることを承知の上、学区を一地区として大小103カ所をピックアップして2章に掲載した。このため、2章は地区と学校が入り混じった形になった。

■校歌は地区の姿を表している

校歌は地区の山や川や自然の美しさを取り入れたものが多い。この美しい“ふるさと”がいつまでも失われないようにと願い、学校メモ覧に校歌の一節を掲載した。

「校歌集」などが出版されていることなので容易に集めることができると思っていたが、そんなに簡単にはいかなかった。昭和年代に閉校にした学校は、「閉校記念誌」が作られていない上、記録も失われている所が多かった。坊山小学校（54ページ）、山谷小学校（78ページ）、岩見小学校（124ページ）は、集落内を探し回ったところ、一個人が保存していたことが分かった。また、藤倉小学校（122ページ）、心像小学校（170ページ）では地区会館に掲げられて保存されていた。

校歌の掲載は、前述したように保存を目的にしたものではなかったが、結果的には保存にもつなげることができ、掲載した甲斐があったと思っている。

1章 ◆市町村合併と人口の推移

この章は、昭和の合併と平成の合併を一見して分かるように表にして掲載した。

カッコ内の数字は令和元年末の人口である。昭和・平成の合併時の人口と対比し将来を考える材料にしてほしい。

1　市町村成立のあゆみ

藩政時代

村落を基礎にし、肝煎(きもいり)（名主、庄屋）が置かれ統治された。

明治初期の大小区制

明治維新後、新政府は大小区制を取り入れた。村落制度を無視した形で行われたため、民衆の戸惑いが大きかった。

明治22年の町村制

元の村落を重視した町村制が施行され、1市（秋田市）、16町220村が誕生した。これにより、各町村に役場が設置され、町村長が置かれて近代日本の町村の基礎となった。戸籍業務もこの時から正式に始まった。現在、私たちが役所から受け取る戸籍（または除籍）謄本はこの時に作成されたものである。したがって現在の市町村は明治22年の町村制が土台になっている。

昭和の合併

昭和28年（1953）に町村合併促進法が施行され、秋田県内の各地で合併が進められた。その結果、4市220町村が8市64町村になり、同31年に合併事業を終えた。

市町村の成立は、正確には昭和30年または31年のいずれかになるが、本書で昭和の合併と一括して取り扱った。

平成の合併

市町村の合併の特例等に関する法律が平成17年4月1日に施行。平成16年11月の美郷町誕生を皮切りに同18年3月の八峰町誕生まで15件の合併が行われ、県内の市町村数は69から13市9町3村（計25）になった。

2　昭和・平成の合併と人口一覧

鹿角地域〔鹿角市、小坂町〕

昭和の合併以前 合併前人口:( )内は令和元年末人口			昭和の合併 合併時人口:( )内は令和元年末人口			平成の合併 平成12年国勢調査値
花輪町	14,477	(―)	花輪町	21,298	(14,020)	鹿角市 39,144 (昭和47年合併) 平成の合併なし
柴平村	6,821	(―)				
毛馬内町	6,464	(3,786)	十和田町	20,054	(10,053)	
錦木村	4,518	(2,574)				
七滝村山根	997	(358)				
大湯町	8,075	(3,335)				
尾去沢町	11,183	(2,447)	尾去沢町	11,183	(2,447)	
宮川村	6,370	(2,492)	八幡平村	9,939	(3,934)	
曙村	3,569	(1,442)				
小計				62,474	(30,454)	39,144
小坂町	13,059	(3,865)	小坂町	16,398	(4,995)	小坂町 7,171 平成の合併なし
七滝村	3,339	(1,130)				
小計				16,398	(4,995)	7,171

旧町村で減少率の高いのは、尾去沢町（78.1%）、小坂町（70.4%）、七滝村（66.0%）である。この地区は鉱山の閉山によるものであり、一般の町村の減少とはやや違う面がある。

これを基に地域を旧小学校区ごとに細別し、減少が進んでいる地区を2章に掲載した。取り上げたのは、中滝（旧大湯町）、扇平（同）、三ツ矢沢（旧尾去沢町）、熊沢（旧宮川村）、山根（旧七滝村）、花軒田（旧花輪町）の6地区である。

北秋田地域〔大館市、北秋田市、上小阿仁村〕

昭和の合併以前 合併前人口:( )内は令和元年末人口			昭和の合併 合併時人口:( )内は令和元年末人口			平成の合併 平成12年国勢調査値	
大館市	32,561	(34,326)	大館市	55,588	(52,329)	大館市 (昭和42年に大館市と花矢町が合併)	86,288
十二所町	5,927	(3,173)					
長木村	4,354	(4,087)					
上川沿村	3,002	(2,464)					
下川沿村	3,535	(4,967)					
二井田村	3,596	(2,113)					
真中村	2,613	(1,199)					
花岡町	11,931	(2,339)	花矢町	15,869	(3,915)		
矢立村	3,938	(1,576)					
早口町	6,717	(2,337)	田代町	12,386	(5,713)		
山瀬村	5,669	(3,376)					
扇田町	6,373	(4,139)	比内町	18,473	(9,376)		
東館村	5,047	(2,178)					
大葛村	2,234	(496)					
西館村	4,819	(2,563)					
小計				102,316	(71,333)		86,288
鷹巣町	8,769	(6,129)	鷹巣町 (七座村の分村あり)	29,015	(17,389)	北秋田市	42,050
七座村	3,541	(582)					
坊沢村	2,579	(1,398)					
綴子村	4,894	(3,862)					
栄村	1,858	(1,512)					
七日市村	4,005	(1,217)					
沢口村	3,369	(2,689)					
米内沢町	7,201	(3,489)	森吉町	16,028	(5,472)		
前田村	8,827	(1,983)					

阿仁合町	6,024	(1,509)	阿　仁　町	10,653	(2,572)		
大阿仁村	4,629	(1,063)					
上大野村	3,900	(3336)	合　川　町	12,644	(5,974)		
下大野村	2,309	(830)					
落　合　村	3,071	(867)					
下小阿仁村	3,364	(941)					
小　計				68,340	(31,407)		42,050
上小阿仁村	6,803	(2,253)	上小阿仁村	6,803	(2,253)	上小阿仁村	3,369

旧町村で減少率が高いのは、花岡町(80.3%)、大葛村(77.7%)、前田村(77.5%)、大阿仁村(77.0%)、阿仁合町(75.8%)、下小阿仁村(72.0%)、落合村(71.7%)、七日市村(69.6%)、上小阿仁村(66.8%)早口町(65.2%)である。花岡町は鉱山の閉山によるもので一般の過疎とは違う面がある。

これを基に地域を旧小学校区ごとに細別し、減少が進んでいる地区を2章に掲載した。取り上げたのは、長走(旧矢立村)、雪沢(旧長木村)、岩野目(旧早口町)、大野(同)、越山(旧山瀬村)、大葛(旧大葛村)、小泉(旧西館村)、黒沢(旧七座村)、坊山(旧沢口村)、竜森(旧七日市村)、岩谷(旧綴子村)、合川西(旧落合村)、合川南(旧下小阿仁村)、三枚(旧阿仁合町)、根子(旧大阿仁村)、中村(同)、仏社(上小阿仁村)、南沢(同)の18地区である。この中で合川西と合川南は旧町村全体が一学区である。

山本地域〔能代市、八峰町、三種町〕

昭和の合併以前 合併前人口:( )内は令和元年末人口	昭和の合併 合併時人口:( )内は令和元年末人口	平成の合併 平成12年国勢調査値
能代市 49,054 (37,512)	能代市 62,228 (43,775)	能代市 65,237
桧山町 2,967 (903)		
鶴形村 1,928 (627)		
浅内村 4,325 (3,260)		
常盤村 3,954 (1,473)		
二ツ井町 4,887 (3,605)	二ツ井町 20,453 (8,508) (七座村の編入あり)	
荷上場村 3,195 (860)		
種梅村 2,735 (874)		
富根村 3,195 (1,208)		
響村 6,004 (1,961)		
小計	82,681 (52,283)	65,237
八森村 6,637 (2,674)	八森町 8,411 (3,383)	八峰町 9,698
岩館村 1,774 (709)		
塙川村 4,455 (1,412)	峰浜村 9,020 (3,658)	
沢目村 4,565 (2,246)		
小計	17,431 (7,041)	9,698
鵜川村 5,132 (2,844)	八竜町 10,718 (5,518)	三種町 22,112
浜口村 5,586 (2,674)		
森岳村 4,117 (2,819)	山本町 11,586 (6,149)	
金岡村 4,327 (2,283)		
下岩川村 3,142 (1,047)		
鹿渡町 7,830 (4,081)	琴丘町 10,635 (4,544)	
上岩川村 2,805 (463)		
小計	32,939 (16,211)	22,112
藤琴村 6,173 (2,019)	藤里町 9,191 (3,182)	藤里町 4,708
粕毛村 3,018 (1,163)		

(注) 八竜町：S40町制、山本町：S37町制、藤里町：S38町制

旧町村で減少率が高いのは、上岩川村 (83.4%)、荷上場村 (73.0%)、檜山町 (69.5%)、塙川村 (68.3%)、種梅村

(68.0%)、鶴形村(67.4%)、響村(67.3%)、藤琴村(67.2%)、下岩川村(66.6%)、常盤村(62.7%)である。

これを基に地域を旧小学校区ごとに細別し、減少が進んでいる地区を2章に掲載した。取り上げたのは、檜山(旧檜山町)、鶴形(旧鶴形村)、山谷(旧常盤村)、種梅(旧種梅村)、馬子岱(同)、田代(旧響村)、濁川(同)、岩子(旧沢目村)、塙川(旧塙川村)、上岩川(旧上岩川村)、下岩川(旧下岩川村)、坊中(旧藤琴村)、金沢(同)、米田(旧粕毛村)の14地区である。この中で檜山、鶴形、塙川、上岩川、下岩川は旧町村全体が一学区である。

男鹿南秋地域〔男鹿市、潟上市、五城目町、八郎潟町、井川町、大潟村〕

昭和の合併以前 合併前人口:( )内は令和元年末人口	昭和の合併 合併時人口:( )内は令和元年末人口	平成の合併 平成12年国勢調査値
船川港町 17,051 (6,738)	男鹿市 48,256 (21,728)	男鹿市 38,130
船越町 4,383 (5,623)		
脇本村 7,867 (4,053)		
五里合村 4,356 (1,382)		
男鹿中村 3,686 (1,094)		
戸賀村 1,962 (408)		
北浦町 8,951 (2,430)		
潟西村 7,252 (3,068)	若美町 11,392 (5,160)	
払戸村 4,140 (2,092)		
小計	59,648 (26,888)	38,130
天王町 12,321 (21,705)	天王町 12,321 (21,705)	潟上市 35,711
昭和町 8,535 (5,304)	昭和町 11,528 (6,854)	
豊川村 2,993 (1,550)		
飯田川町 6,113 (4,012)	飯田川町 6,113 (4,012)	
小計	29,962 (32,571)	35,711

五城目町	8,270	(5,621)	五城目町	19,761	(9,034)	五城目町	12,372
馬場目村	3,558	(872)					
富津内村	3,118	(857)					
内 川 村	2,299	(555)					
大 川 村	2,516	(1,129)					
小　計				19,761	(9,034)		12,372
一日市町	4,274	(3,269)	八郎潟町	9,216	(5,751)	八郎潟町	7,533
面 潟 村	4,942	(2,482)					
小　計				9,216	(5,751)		7,533
上井河村	3,234	(1,462)	井 川 町	7,774	(4,664)	井 川 町	6,116
下井河村	4,540	(3,202)					
小　計				7,774	(4,664)		6,116
大潟村：S39成立		(3,164)				大 潟 村	3,316

（注）若美町：S45以前は琴浜村、井川町：S49町制

旧町村で減少率が高いのは、戸賀村（79.2％）、内川村（75.8％）、馬場目村（75.4％）、北浦町（72.8％）、富津内村（72.5％）、男鹿中村（70.3％）、五里合村（68.8％）である。

これを基に地域を旧小学校区ごとに細別し、減少が進んでいる地区を2章に掲載した。取り上げたのは、五里合（旧五里合村）、男鹿中（旧男鹿中村）、北磯（旧北浦町）、安全寺（同）、戸賀（旧戸賀村）、加茂青砂（同）、馬場目（旧馬場目村）、杉沢（同）、中津又（旧富津内村）、内川（旧内川村）の10地区である。この中で、五里合、男鹿中、内川は旧町村全体が一学区である。

秋田地域〔秋田市〕

昭和の合併以前 合併前人口:( )内は令和元年末人口			昭和の合併 合併時人口:( )内は令和元年末人口	平成の合併 平成12年国勢調査値
秋田市	133,496	(228,398)	秋田市 181,626 (291,478)	秋田市 336,646
大平村	4,931	(2,087)		
外旭川村	3,375	(12,301)		
飯島村	4,775	(15,638)		
上新城村	2,410	(1,062)		
下新城村	4,367	(4,236)		
浜田村	3,625	(2,611)		
豊岩村	2,841	(1,763)		
仁井田村	3,939	(12,648)		
四ッ小屋村	2,514	(1,725)		
上北手村	2,581	(1,344)		
下北手村	3,133	(2,901)		
下浜村	4,078	(1,856)		
金足村	5,561	(2,908)		
和田町	5,262	(2,886)	河辺町 15,350 (7,803)	
岩見三内村	6,011	(1,808)		
豊島村	4,077	(3,163)		
川添村	4,442	(3,362)	雄和町 12,374 (6,057)	
戸米川村	2,359	(1,050)		
種平村	2,150	(657)		
大正寺村	3,423	(1,173)		
小計			209,350 (305,338)	336,646

(注) 雄和町：S47町制。令和元年末の人口で、和田町・岩見三内村・豊島村・川添村・戸米川村・種平村・大正寺村は平成27年の数値を使用

旧町村で減少率が高いのは、岩見三内村 (69.9%)、種平村 (69.4%)、大正寺村 (65.7%) である。これを基に地域を旧小学校区ごとに細別し、減少が進んでいる地区を2章に掲載した。取り上げたのは、藤倉・仁別 (旧秋田市)、岩見 (旧岩見山内村)、中の沢 (旧大正寺村) の3地区である。

1章

由利地域〔由利本荘市、にかほ市〕

昭和の合併以前 合併前人口:( )内は令和元年末人口			昭和の合併 合併時人口:( )内は令和元年末人口			平成の合併 平成12年国勢調査値	
本荘町	19,062	(29,219)	本荘市	38,625	(41,625)	由利本荘市	92,843
子吉村	3,514	(3,332)					
小友村	2,903	(1,713)					
石沢村	3,897	(1,504)					
南内越村	2,752	(3,630)					
北内越村	2,679	(782)					
松ヶ崎村	3,818	(1,445)					
亀田町	4,567	(1,749)	岩城町	8,696	(5,024)		
道川村	4,129	(3,275)					
東滝沢村	4,030	(1,996)	由利町	9,858	(4,514)		
西滝沢村	3,003	(1,318)					
鮎川村	2,825	(1,200)					
西目村	5,373	(5,842)	西目町	5,373	(5,842)		
矢島町	10,248	(4,363)	矢島町	10,248	(4,363)		
川内村	4,998	(2,096)	鳥海町	13,195	(4,374)		
直根村	4,045	(889)					
笹子村	4,152	(1,389)					
下郷村	5,915	(1,958)	東由利町	9,776	(3,214)		
玉米村	3,861	(1,256)					
岩谷町	5,105	(3,690)	大内町	15,300	(7,227)		
下川大内村	5,081	(1,989)					
上川大内村	5,114	(1,548)					
小計				111,071	(76,183)		92,843
平沢町	6,613	(6,705)	仁賀保町	14,080	(10,058)	にかほ市	30,347
院内村	4,306	(2,147)					
小出村	3,161	(1,206)					
金浦町	6,380	(4,008)	金浦町	6,380	(4,008)		
象潟町	6,909	(7,050)	象潟町	15,047	(10,225)		
上浜村	4,304	(1,685)					
上郷村	3,834	(1,490)					
小計				35,507	(24,291)		30,347

（注） 由利町：S35町制、鳥海町：S55町制、東由利町：S49町制、大内町：S45町制、西目町：S50町制

旧町村で減少率が高いのは、直根村(78.0%)、北内越村(70.8%)、上川大内村(69.7%)、玉米村(67.4%)、笹子村(66.5%)、下郷村(66.8%)、松ヶ崎村(62.1%)である。

これを基に地域を旧小学校区ごとに細別し、減少が進んでいる地区を2章に掲載した。取り上げたのは、赤田(旧北内越村)、金山(旧子吉村)、山内(旧石沢村)、高尾(旧下川大内村)、滝(旧上川大内村)、羽広(同)、軽井沢(同)、法内(旧下郷村)、住吉(旧玉米村)、袖山(同)、大台(旧下郷村)、祝沢(同)、釜ヶ台(旧院内村)、西沢(旧鮎川村)、熊之子沢(旧矢島町)、谷地沢(同)、直根(旧直根村)、笹子(旧笹子村)の18地区である。この中で、直根、笹子は旧町村全体が一学区である。

仙北地域〔大仙市、仙北市、美郷町〕

昭和の合併以前 合併前人口:( )内は令和元年末人口			昭和の合併 合併時人口:( )内は令和元年末人口			平成の合併 平成12年国勢調査値	
大曲町	15,339	(17,154)	大曲市	40,466	(35,878)	大仙市	98,326
花館村	5,434	(8,040)					
内小友村	4,594	(2,287)					
大川西根村	2,442	(1,507)					
藤木村	3,491	(1,751)					
四ツ谷村	5,130	(3,268)					
角間川町	4,036	(1,871)					
神宮寺町	5,811	(3,676)	神岡町	7,860	(4,975)		
北楢岡村	2,049	(1,299)					
刈和野町	4,528	(2,869)	西仙北町	16,277	(7,878)		
大沢郷村	4,500	(1,897)					
土川村	3,847	(1,729)					
強首村	3,402	(1,383)					

長野町	6,774	(—)	中仙町	15,559	(9,125)		
豊川村	2,742	(—)					
豊岡村	3,119	(—)					
清水村	2,924	(—)					
荒川村	5,916	(2,282)	協和町	14,631	(6,297)		
峰吉川村	2,219	(1,036)					
淀川村	3,453	(1,282)					
船岡村	3,043	(1,697)					
高梨村	5,326	(—)	仙北町	10,022	(6,895)		
横堀村	4,696	(—)					
横沢村	5,224	(—)	太田町	9,842	(6,053)		
長信田村	4,618	(—)					
南楢岡村	4,229	(2,008)	南外村	7,347	(3,355)		
外小友村	3,118	(1,347)					
小計				122,004	(80,456)		98,326
角館町	8,388	(—)	角館町	18,246	(11,901)	仙北市	33,565
中川村	2,445	(—)					
雲沢村	4,299	(—)					
白岩村	3,114	(—)					
生保内町	6,661	(4,806)	田沢湖町	18,383	(9,516)		
神代村	7,180	(4,095)					
田沢村	4,542	(615)					
西明寺村	4,634	(2,427)	西木村	9,228	(4,324)		
桧木内村	4,594	(1,897)					
小計				45,857	(25,741)		33,565
六郷町	9,354	(—)	六郷町	9,354	(5,842)	美郷町	24,207
千屋村	7,101	(—)	千畑村	12,246	(6,700)		
畑屋村	5,145	(—)					
飯詰村	4,319	(—)	仙南村	8,799	(6,609)		
金沢西根村	4,480	(—)					
小計				30,399	(19,151)		24,207

(注) 協和町：S44町制、仙北町：S49町制、太田町：S44町制、仙南村：S33横手市金沢の約半分編入

旧町村で減少率が高いのは田沢村（86.4%）、淀川村（62.8%）、荒川村（61.4%）である。田沢村は玉川ダム建設により約300人の移転が影響しているようである。

これを基に地域を旧小学校区ごとに細別し、減少が進んでいる地区を２章に掲載した。取り上げたのは、沢内（旧船岡村）、大盛（旧荒川村）、稲沢（同）、心像（旧土川村）、大沢郷西（旧大沢郷村）、夏桑（旧外小友村）、田沢（旧田沢村）、上桧木内（旧桧木内村）、雫田（旧中川村）の9地区である。

平鹿地域〔横手市〕

<table>
<tr><th>昭和の合併以前
合併前人口:( )内は令和元年末人口</th><th>昭和の合併
合併時人口:( )内は令和元年末人口</th><th>平成の合併
平成12年国勢調査値</th></tr>
<tr><td>横手市 35,755 (30,585)</td><td rowspan="4">横手市 48,671 (35,326)</td><td rowspan="17">横手市 109,004</td></tr>
<tr><td>境町村 2,826 (1,539)</td></tr>
<tr><td>黒川村 2,612 (1,202)</td></tr>
<tr><td>金沢町 7,478 (2,000)</td></tr>
<tr><td>増田町 9,609 (5,504)</td><td rowspan="2">増田町 13,984 (6,677)</td></tr>
<tr><td>西成瀬村 4,375 (1,173)</td></tr>
<tr><td>浅舞町 10,445 (5,526)</td><td rowspan="3">平鹿町 22,140 (12,014)</td></tr>
<tr><td>吉田村 4,984 (2,853)</td></tr>
<tr><td>醍醐村 6,711 (3,635)</td></tr>
<tr><td>沼館町 6,403 (3,610)</td><td rowspan="5">雄物川町 17,997 (8,841)</td></tr>
<tr><td>里見村 4,017 (1,384)</td></tr>
<tr><td>福地村 3,356 (2,000)</td></tr>
<tr><td>館合村 2,267 (1,104)</td></tr>
<tr><td>明治村大沢 1,954 (743)</td></tr>
<tr><td>大森町 3,091 (1,946)</td><td rowspan="3">大森町 11,628 (5,787)</td></tr>
<tr><td>八沢木村 4,787 (1,974)</td></tr>
<tr><td>川西村 3,750 (1,867)</td></tr>
</table>

十文字町　5,703　(7,042)	十文字町　18,262 (12,365)	
三 重 村　3,878　(2,131)		
植 田 村　3,820　(1,451)		
睦 合 村　4,861　(1,741)		
山 内 村　8,703　(3,199)	山 内 村　8,703　(3,199)	
田根森村　4,433　(2,591)	大 雄 村　7,853　(4,592)	
阿 気 村　3,047　(2,001)		
館合村一部		
小　計	149,238 (88,801)	109,004

旧町村で減少率が高いのは西成瀬村(73.1%)、山内村(63・2%)である。

これを基に旧小学校区ごとに細別し、減少が進んでいる地区を2章に掲載した。取り上げたのは、狙半内(旧西成瀬村)、二井山(旧沼館町)、武道(旧八沢木村)、前田(同)、坂部(同)、吉谷地(旧山内村)、筏(同)、南郷(同)、三又(同)、黒沢(同)の10地区である。

雄勝地域〔湯沢市、羽後町、東成瀬村〕

昭和の合併以前 合併前人口:( )内は令和元年末人口	昭和の合併 合併時人口:( )内は令和元年末人口	平成の合併 平成12年国勢調査値
湯 沢 町　17,416 (13,411)	湯 沢 市　40,661 (27,684)	湯 沢 市　58504
岩 崎 村　2,810　(1,557)		
弁 天 村　3,400　(3,389)		
山 田 村　6,564　(3,811)		
三 関 村　3,459　(1,988)		
幡 野 村　2,522　(1,762)		
須 川 村　4,440　(1,766)		
川 連 町　5,004　(2,900)	稲 川 町　16,232　(8,007)	
駒 形 村　4,443　(1,901)		

稲 庭 町	3,243	(1,442)					
三 梨 村	3,542	(1,764)					
横 堀 町	2,912	(1,407)					
院 内 町	4,800	(1,446)	雄 勝 町	16,811	(6,453)		
小 野 村	4,271	(2,101)					
秋ノ宮村	4,828	(1,499)					
皆 瀬 村	5,046	(2,202)	皆 瀬 村	5,046	(2,202)		
小 計				78,750	(44,346)		58,504
西馬音内町	6,968	(4,643)					
三 輪 村	5,354	(3,521)					
元西馬音内村	3,500	(1,364)					
新 成 村	2,901	(1,738)	羽 後 町	28,342	(14,653)	羽 後 町	19,485
田 代 村	4,000	(1,299)					
仙 道 村	2,971	(958)					
明 治 村	2,648	(1,130)					
小 計				28,342	(14,653)		19,485
東成瀬村	6,252	(2,603)	東成瀬村	6,252	(2,603)	東成瀬村	3,390

（注）稲川町：S41稲庭川連町を改称

旧町村で減少率が高いのは、院内町（69・8%）、秋ノ宮村（68・9%）、仙道村（67・7%）、田代村（67・5%）、元西村（61・0%）である。

これを基に旧小学校区ごとに細別し、減少が進んでいる地区を２章に掲載した。取り上げたのは、坊ヶ沢（旧須川村）、新田（同）、秋ノ宮（旧秋ノ宮村）、中山（同）、湯ノ岱（同）、生内（旧皆瀬村）、落合（同）、軽井沢（旧田代村）、上到米（同）、田代（同）、仙道（旧仙道村）、上仙道（同）、飯沢（旧元西村）、椿川（東成瀬村）、大柳（東成瀬村）の15地区である。

調査地区位置図

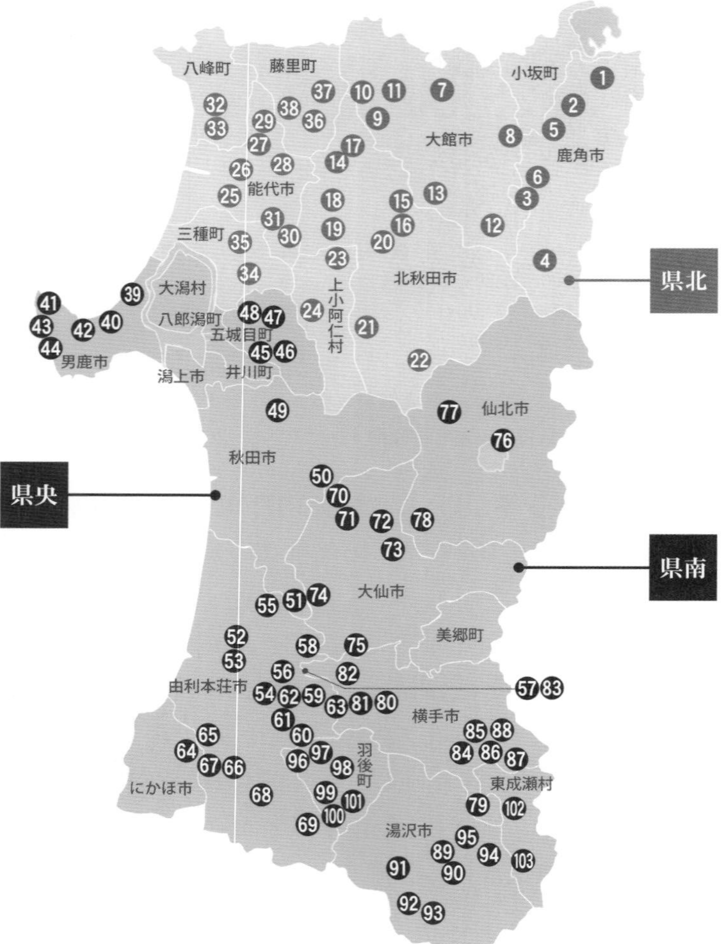
八峰町
藤里町
小坂町
大館市
鹿角市
能代市
三種町
北秋田市
上小阿仁村
大潟村
八郎潟町
五城目町
男鹿市
潟上市
井川町
仙北市
秋田市
大仙市
美郷町
由利本荘市
横手市
羽後町
東成瀬村
にかほ市
湯沢市
県北
県央
県南

2章

各地区の概要

この章では、1章で述べたように減少が進んでいる地区をピックアップし、103カ所を掲載した。地区名は旧小学校（分校含む）の学区を基本とし、かつての小学校名を使用した。ただし、中津又・雫田・狙半内の3カ所については、校名ではなく地名を使用した。

秋田県内で小学校数が最も多かったのは、昭和31年度の522校である。令和元年度は195校となり、320校余りが消えてしまった。これらすべての地区（学区）を取り上げたかったが、個人の力では限界があり、今回は103地区に絞って概要をまとめた。

「最盛時の児童数」は、児童数が多かった昭和33～35年度の人数を使用した。ただし、36年度以降に独立校になった学校については、独立時の人数にした。

「現在の地区児童数」は、各学校の協力を得て、令和2年度の人数を載せた。最多時の児童数と見比べて、地区の行く末を考える材料にしてほしい。

1 中滝（なかたき）

鹿角市十和田大湯

DATA

※令和元年末データ

- 世帯数　40世帯
- 人　口　91人
- 地区にあった学校
  中滝小学校

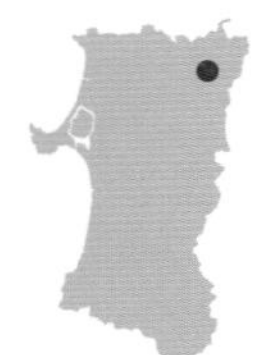

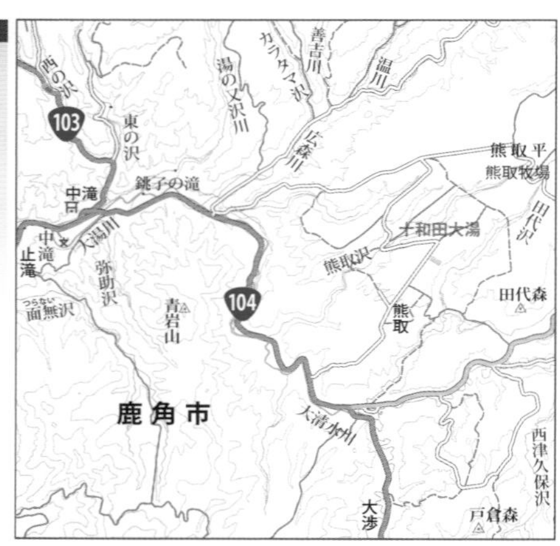

中滝集落（左が国道103号、右が同104号）

地区のあらまし

この地区は米代川の支流大湯川の上流部に位置し、旧中滝小学校の学区である。大湯温泉郷を抜け、国道103号を15kmほど北上すると中滝集落に至る。ここは当地区の拠点で中滝小学校があった。ここで道路が左右に分岐し、左が十和田湖方向に延びる国道103号、右が青森県田子町に通ずる国道104号である。国道104号の青森県境付近には、中滝小学校小国分校（昭和33年閉校）、同大清水分校（昭和48年閉校）、同田代分校（平成27年閉校）などがあった。田代地区は戦後70人ほどが入植して開拓された標高約500mの高原で、現在は数世帯が畜産に取り組んでいる。地区は、中滝（14世帯25人）、大清水（2世帯2人）、戸倉（7世帯15人）、田代（10世帯31人）、熊取平（くまとりたい）（2世帯8人）、大平（3世帯4人）、白沢（2世帯6人）で、いずれも少集落である。

小学校の校舎は「中滝ふるさと学舎」となり地域起こしに活用されている。

中滝小学校メモ

開校　明治38年（1905）
〈昭和34年に独立校〉

閉校　平成20年（2008）

最盛時の児童数　133人

現在の地区児童数　1人

閉校碑・跡地碑　無し

校歌（一節）

奥羽の山の連なるところ
米代川のもと清く
緑の樹海は山をおおう
荒れ地開いた父母の
くじけぬ心この胸に
伸びゆく中滝小学校

扇平（おうぎのたい）

鹿角市十和田大湯畑

DATA

※令和元年末データ

- 世帯数　35世帯
- 人　口　86人
- 地区にあった学校
  大湯小学校扇平分校

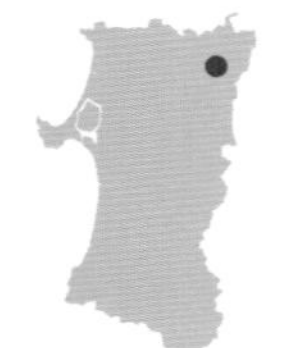

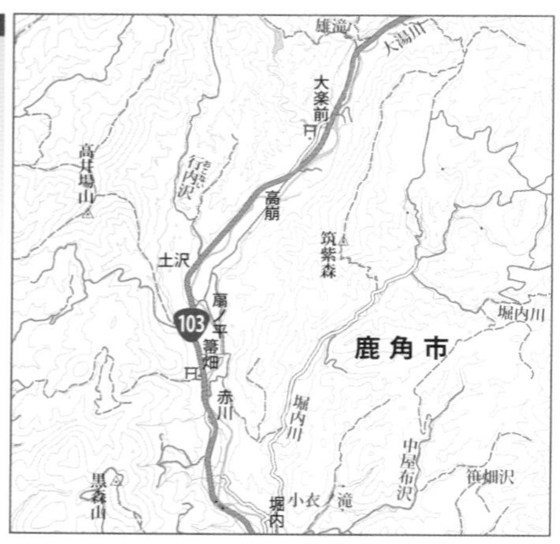

箒畑集落から上流を望む

地区のあらまし

この地区は米代川の支流大湯川の中流域に位置し、大湯小学校旧扇平分校の学区である。前項の中滝地区の下流に当たる。大湯温泉郷から国道103号を進むと、赤川・箒畑（ほうきばた）・扇平・土沢・高崩（たかくずれ）と約3kmにわたって集落が点在している。分校は扇平にあった。拙書『秋田・消えた分校の記録』(2001)では「昭和40年代までは四つの発電所があり、従業員の世帯が20戸ほどあったが、現在発電所は無人化され従業員の大半が土地を離れたため、地区の総戸数は51戸になっている」と記載した。20年近く経った今は、さらに減少が進んでいるようである。箒畑、高崩、大楽前の発電所（同和鉱業）は現在も稼働している。扇平の国道沿いに建物を構える平塚果樹園は、リンゴの生産と販売を行い「リンゴの里鹿角」のＰＲに努めている。

分校跡地は更地になり、ブロック造りの校門だけが残っている。閉校時の昭和45年度は29人だった。

扇平分校メモ

開校	明治37年(1904)
閉校	昭和46年(1971)
最盛時の児童数	70人
現在の地区児童数	5人
閉校碑・跡地碑	無し

校 歌（一節）

清い流れの大湯川
学びの道をおもいつつ
深くゆたかにわいてくる
いでゆのようにあたたかく
きょうも明るく暮らしましょう
（本校の大湯小校歌）

3 三ツ矢沢（みつやざわ）

鹿角市尾去沢

DATA

※令和元年末データ

- ●世帯数　23世帯
- ●人　口　53人
- ●地区にあった学校

　三ツ矢沢小学校

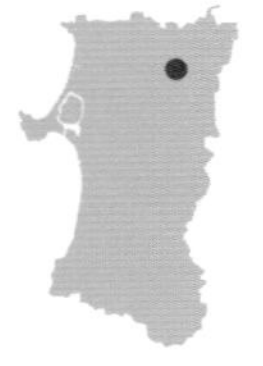

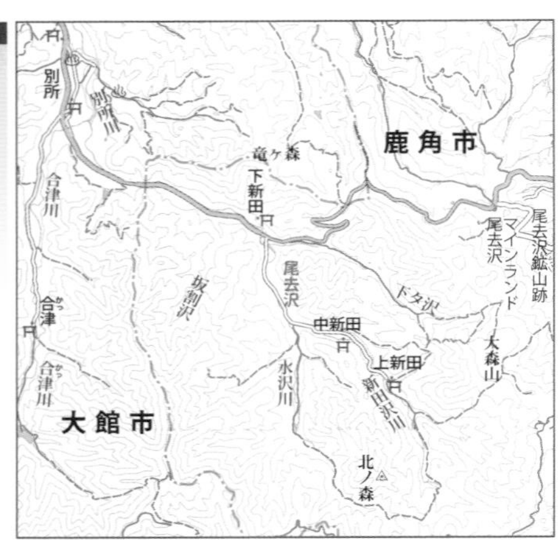

中新田集落

地区のあらまし

この地区は米代川の支流別所川の上流域に位置し、旧三ツ矢沢小学校の学区である。地形的には大館市十二所地区であるが、昔から尾去沢と深い係わりがあったことから明治22年（1889）尾去沢村と合併した。下新田、中新田、上新田の3集落があったので、三ツ矢沢と称したと思われる。『秋田県の地名』（平凡社）に「明治五年村々村勢表に、戸数31軒、人口159人、馬数68頭」とある。昭和47年までは尾去沢町の大字として使用されたが、合併により鹿角市が誕生してからは三ツ矢沢の名前は消え、現在は使用する人が少なくなっている。県道66号（十二所花輪大湯線）の沿線に下新田があり、新田川に分岐して1km余りさかのぼった所に中新田がある。その上流に上新田（8世帯）があったが、昭和63年に無人になった。

三ツ矢沢小学校は中新田の入り口にあった。跡地は荒れ地になり、閉校記念碑だけが残っている。

三ツ矢沢小学校メモ

開校	明治7年（1874）
閉校	昭和47年（1972）
最盛時の児童数	88人
現在の地区児童数	1人
閉校碑・跡地碑	あり

校歌（一節）

山々に四季を色どり
谷川は絶えず岩かむ
このふるさとにはぐくむや
三ツ矢沢三ツ矢沢
われらの心

熊沢（くまさわ）

鹿角市八幡平

DATA

※令和元年末データ

- 世帯数　104世帯
- 人　口　282人

- 地区にあった学校
  熊沢小学校

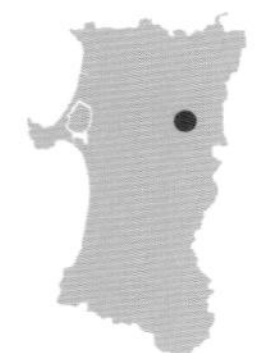

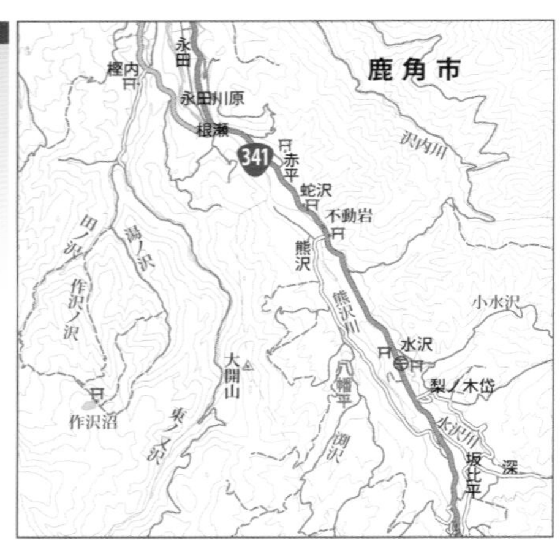

水沢集落から下流を望む

地区のあらまし

この地区は米代川の支流熊沢川の上中流域に位置し、旧熊沢小学校の学区である。八幡平小学校、同中学校がある長嶺地区は、熊沢川が分岐する地点であり、国道282号から341号への分岐点でもある。国道341号を15kmほど進むと小学校のあった熊沢集落に至る。地区には赤平・蛇沢(へびざわ)・熊沢・水沢・梨ノ木岱・坂比平(さかひたい)・トロコと約5kmにわたって集落が点在している。水沢集落に郵便局があり、坂比平に地区唯一の商店"スーパー青沢"がある。トロコは戦後、切留平(きりとめたい)、秋樺開拓団35戸が入植した土地で、現在は全戸が離農し"ななかまど団地"などの別荘地になっている。ここには熊沢小学校切留平分校(昭和43年閉校)があった。国道341号からアスピーテライン(県道23号)を進むと仙北市境界寄りに八幡平温泉郷がある。

熊沢小学校は熊沢集落の南外れの高台にあった。跡地は更地になり、跡地碑を探したが見つからなかった。

熊沢小学校メモ

開校	昭和30年(1955)
閉校	昭和48年(1973)
最盛時の児童数	111人
現在の地区児童数	8人
閉校碑・跡地碑	無し

校歌(一節)

みなもとゆたかな熊沢の
清き流れにうるおいて
理想をきずく学びやに
学び語りしわが友よ
強くたゆまずすすまんや
ああなつかしのわが母校

山根（やまね）

鹿角市十和田山根

DATA

※令和元年末データ

- ●世帯数　143世帯
- ●人　口　358人

●地区にあった学校

十和田小学校山根分校

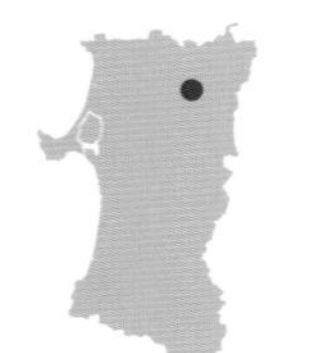

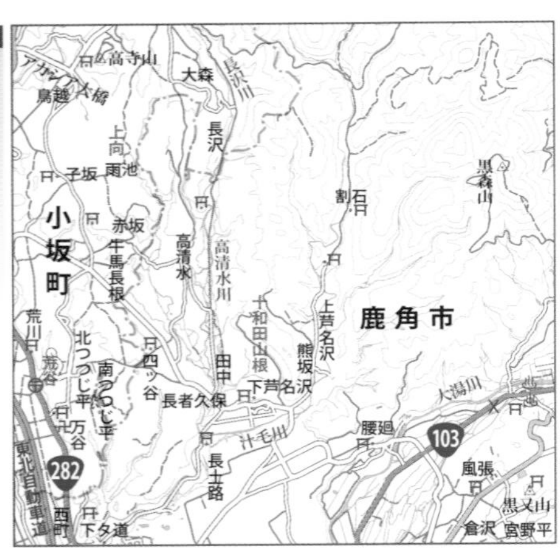

分校跡から下芦名沢集落を望む

地区のあらまし

この地区は米代川の支流小坂川流域の汁毛川（しるけがわ）と高清水川沿いに所在し、毛馬内小学校旧山根分校の学区である。分校のあった下芦名沢（しもあしなざわ）を拠点に、長者久保・上芦名沢・割石・高清水などの集落がある。昭和30年までは旧七滝村（小坂町）であったが、昭和の合併の際に分村して旧十和田町に編入した。『角川地名大辞典・秋田県』に、「昭和50年時は世帯数149・人口672人」と記録されている。世帯数は大きく変わっていないが、人口減少がこの地区でも進んでいる。上芦名沢には大きな鳥居があり、それをくぐると貞観（じょうがん）3年（861）の創建と伝承される芦名神社があり、133点の絵馬が保存され市指定文化財になっている。下芦名沢から大湯に向かう途中には工業団地があり、数社が操業している。

分校は4年生まで在籍し、一時期は複式学級が解消されたほど児童数が多かった。校舎がそのまま残っている。

山根分校メモ

開校　明治22年（1889）
閉校　平成23年（2011）
最盛時の児童数　99人
（4年生まで）
現在の地区児童数　11人
閉校碑・跡地碑　無し

校 歌（一節）

奥羽の山々東にそびえ
大気はさわやか湖南の地
輝くひとみここにつらねて
学び進んだ人たちの
たゆまぬ姿いつまでも
つづくわれらの希望をひらく
（本校の十和田小校歌）

花軒田(はなのきだ)

鹿角市花輪

DATA

※令和元年末データ

●世帯数　24世帯

●人　口　58人

●地区にあった学校

花輪小学校花軒田分校

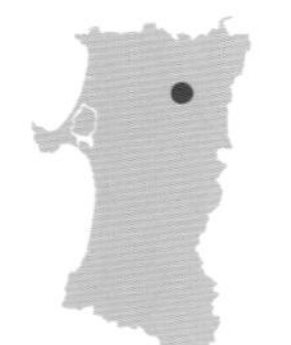

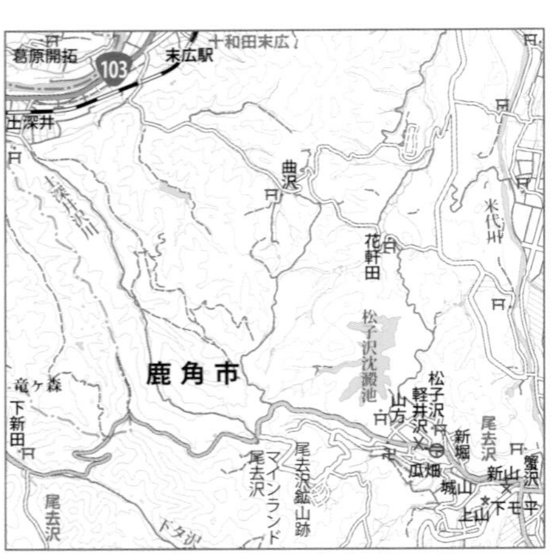

分校跡から花軒田集落を望む

地区のあらまし

この地区は、国道282号の花輪地区と同103号の十和田末広地区を結ぶ松軒沢林道の中間に位置し、花輪小学校旧花軒田分校の学区である。当地区には花軒田、曲沢の2集落があり、両集落は2kmほど離れている。花軒田は山腹の台地に、曲沢は下流の谷間に所在する。一帯は傾斜地になっており、平地が少なく坂道が連続している。花輪から通行する場合は、「花輪温泉ゆうたろう」から久保田橋（米代川）を渡って西山地区農免農道に入り、松軒沢林道に分岐して進むと花軒田に至る。末広から通行する場合は、国道103号をＪＲ末広駅近くの信号機から市道に分岐してさかのぼると曲沢に至る。分校は花軒田の一番高い所にあった。校地は荒れ地になり「花軒田分校跡」の碑だけが立っている。

拙書『秋田・消えた分校の記録』では「戸数は30戸で昭和30年代に比べて数戸減少している」と記載した。さらに減少が進んでいるようだ。

花軒田分校メモ

開校	明治15年（1882）
閉校	昭和50年（1975）
最盛時の児童数	30人
現在の地区児童数	3人
閉校碑・跡地碑	あり

校 歌（一節）

鹿角の垣山頬うつ白雪
いよよ湧きたつ雄々しき血潮
萌え出よ若草臥牛のあけぼの
常にためさん雄々しき血潮

（本校の花輪小校歌）

長走（ながばしり）

大館市白沢長走

DATA

※令和元年末データ

●世帯数　142世帯

●人　口　326人

●地区にあった学校

長走小学校

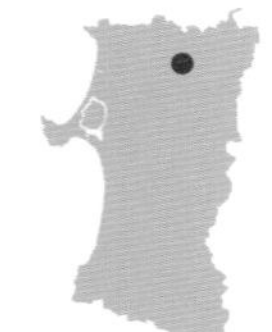

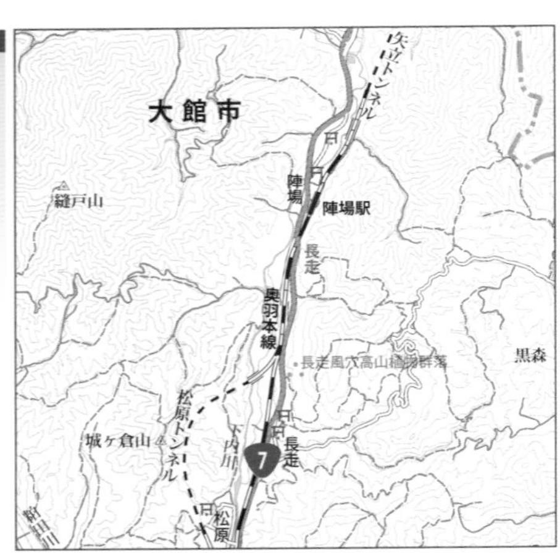

長走小跡から上流を望む（道路は旧羽州街道）

地区のあらまし

この地区は米代川の支流下内川（しもないがわ）の中流域に位置し、旧長走小学校の学区である。大館市街を抜け、国道7号を青森県方向に進むと「柴谷地湿原植物群落地帯」があり、通り過ぎると旧矢立村になり白沢集落がある。ここを抜けると当学区の松原集落があり、少し距離を置いて長走、陣場と集落が続いている。

長走小学校は長走にあった。校舎は集落の高台にあり、校門跡の前に「長走御番所跡」の石碑が建っている。かつての羽州街道は坂道を上り下りする通行だったようだ。長走を抜けると、冷風が噴き出すことで名高い「長走風穴」がある。さらに進むと陣場集落があり、ここにはＪＲ奥羽本線神場駅がある。県境付近には「矢立温泉」「道の駅矢立峠」「矢立ハイツ」などの施設がある。小学校跡地は更地になり、345人の募金によって造られた立派な閉校記念碑（沿革と校歌を刻む）が姿をとどめている。

長走小学校メモ

開校　明治25年（1892）

閉校　平成3年（1991）

最盛時の児童数　179人

現在の地区児童数　7人

閉校碑・跡地碑　あり

校歌（一節）

奥羽の山の谷間をくだり
広い海へとたゆまずつづく
下内川の流れの力が
学びの道に受けつぐわれら
朝風かおる御番所あとに
ひとみもきよく励ましあう

雪沢（ゆきさわ）

大館市雪沢

DATA

※令和元年末データ

●世帯数　196世帯

●人　口　458人

●地区にあった学校

雪沢小学校

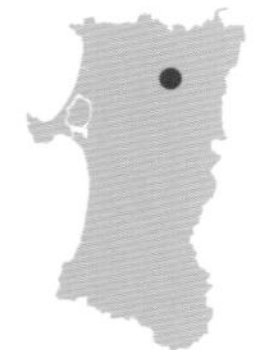

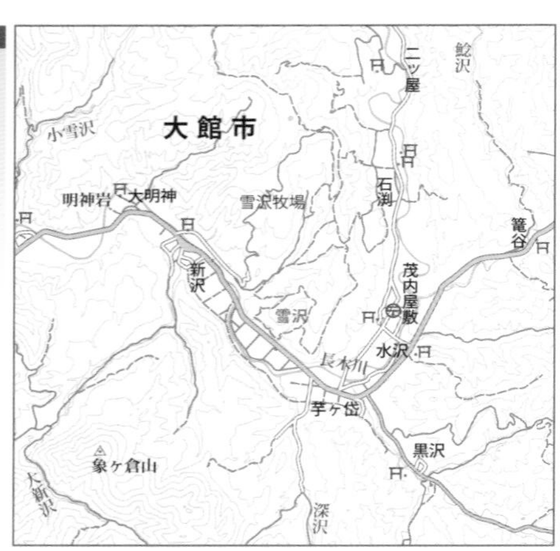

雪沢小跡を望む

地区のあらまし

この地区は米代川の支流長木川の上流域に位置し、旧雪沢小学校の学区である。長木川に沿って走る県道2号（大館十和田湖線＝樹海ライン）を大館市街から進んで行くと、雪沢トンネルがあり、ここを抜けると当地区になり、小雪沢・大明神・新沢（しんさわ）・薯ヶ岱（いもがたい）・茂内屋敷・水沢・篭谷（かごや）と県道に沿って集落が続き、県道から離れた北方には石渕・二ツ屋の集落、南方向には黒沢・赤沢の集落があり、計11集落が約10kmにわたって散在している。雪沢小学校は薯ヶ岱にあった。茂内屋敷に郵便局、薯ヶ岱に「ゆきさわ産直センター」がある。同センターの駐車場に「秋田フキ発祥の地」の碑が建っている。説明文に、「当地には傘ほど大きなフキがある」と江戸城で五代藩主・佐竹義峰公が話したところ、「そんな大きなフキがあるわけがない」と諸侯に笑われたため、雪沢からフキを採って江戸に送らせたと記述されている。

校舎が残り東光鉄工秋田工場㈱が操業している。

雪沢小学校メモ

開校	昭和27年（1952）
閉校	平成26年（2014）
最盛時の児童数	233人
現在の地区児童数	11人
閉校碑・跡地碑	あり

校歌（一節）

南は象ケ倉山だ

北は美林だあの杉だ

ここで奥地を拓くのだ

この学校だ雪沢だ

岩野目（いわのめ）

大館市早口

DATA

※令和元年末データ

- ●世帯数　139世帯
- ●人　口　346人
- ●地区にあった学校

岩野目小学校

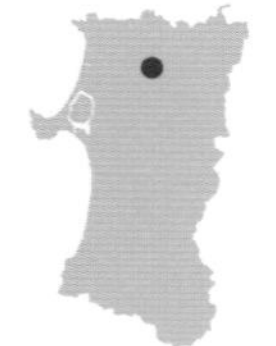

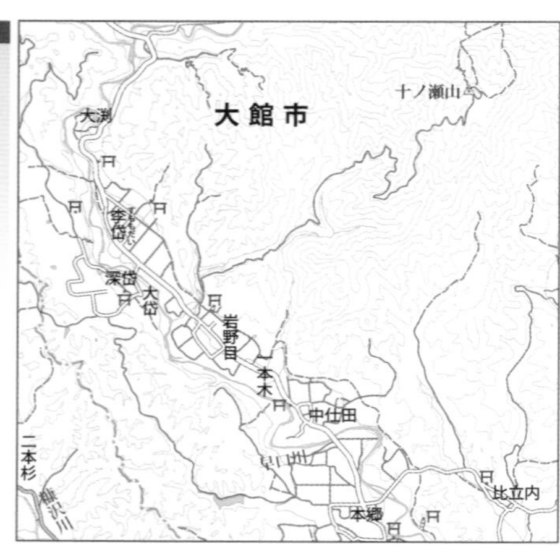

岩野目小跡を望む

地区のあらまし

この地区は米代川の支流早口川の中流域に位置し、旧岩野目小学校の学区である。早口川に沿って田んぼが広がり、中仕田・一本木・岩野目・大岱・李岱（すももたい）・大渕などの集落が続いている。大岱には縄文後期の大岱遺跡がある。

当地区には「廃村」「分校跡」「開拓跡」があり、この調査のため私は平成元年から幾度かこの地を訪れてきた。早口川の河岸にあった深沢集落は、洪水被害のため大岱と李岱に移転した。また、分校では岩野目小学校千歳分校があった。ここは戦後16戸が入植した開拓地で、昭和45年に全戸が移転し分校も閉じられた。分校の調査の際は、岩野目小学校に立ち寄ってお世話になった。モダンな大きな造りの学校で、この時は閉校になるとは思いもよらなかった。今も立派な校舎がそっくり残り、校歌と沿革を刻んだ記念碑が造られている。学区には中学校もあったが、昭和45年に田代中に統合された。

岩野目小学校メモ

開校　明治8年（1875）

閉校　平成20年（2008）

最盛時の児童数　228人

現在の地区児童数　8人

閉校碑・跡地碑　あり

校歌（一節）

流れも清き早口川の
岸辺に遊ぶわれらは楽し
理想を高くかかげもち
日本の明日を築きゆかん
われらは岩野目
われらは岩野目小学生

10 大野（おおの）

大館市早口

DATA

※令和元年末データ

●世帯数　63世帯

●人　口　129人

●地区にあった学校

大野小学校

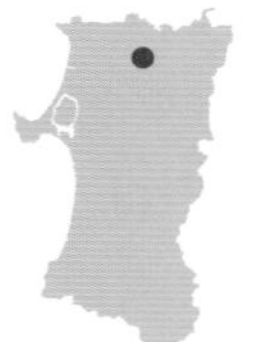

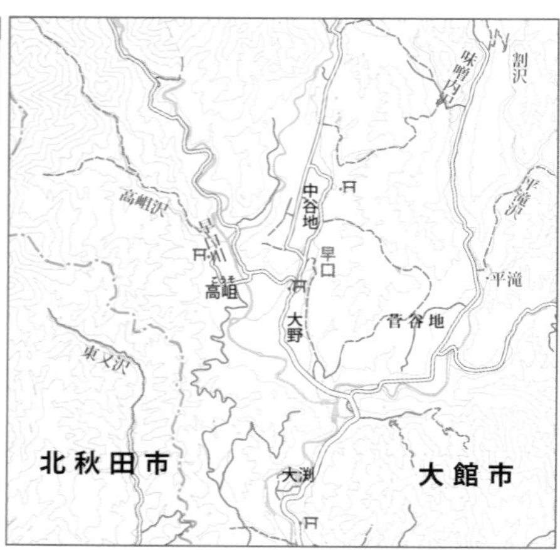

下流から大野集落を望む

地区のあらまし

この地区は前項の岩野目地区の上流にあり、早口川に架かる高落橋を渡ると旧大野小学校の学区になる。大野・高岨（こうそ）・中谷地などの集落がある。中谷地は戦後の開拓団が入植した土地である。私は『秋田・消えた開拓村の記録』の調査で幾度かこの地を訪れてきた。高落橋から北方に分岐した山間の台地に戦後の菅谷地開拓地があり、大野小学校菅谷地冬季分校があった。分校は昭和40年に閉校、開拓団は同42年に全員山を下り無人になった。入植者の1人を訪ねたら、「中谷地は畑地から水田に切り替えたので成功したが、私たちは水利便が悪く田んぼにならなかった……」と語ってくれたことを記憶している。私が調査に訪れた時は、大野小学校は閉校して間もない時であり、校舎がそっくり残っていた。何かしらわびしい思いをしたことが頭にある。校舎が残り大野コミュニティセンターになっている。中学校は昭和39年に岩野目中学校に統合された。

大野小学校メモ

開校	明治11年（1878）
閉校	平成8年（1996）
最盛時の児童数	133人
現在の地区児童数	2人
閉校碑・跡地碑	あり

校歌（一節）

朝日にはゆる山々の

みどりの生気身にしみて

大野のおかにそそり立つ

学びやぞわれら大野校

越山（こしやま）

大館市岩瀬

DATA

※令和元年末データ

- 世帯数　136世帯
- 人　口　301人
- 地区にあった学校

越山小学校

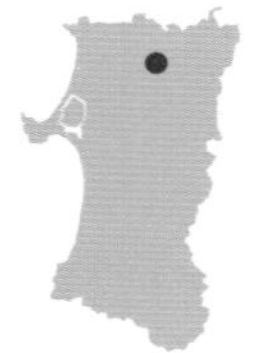

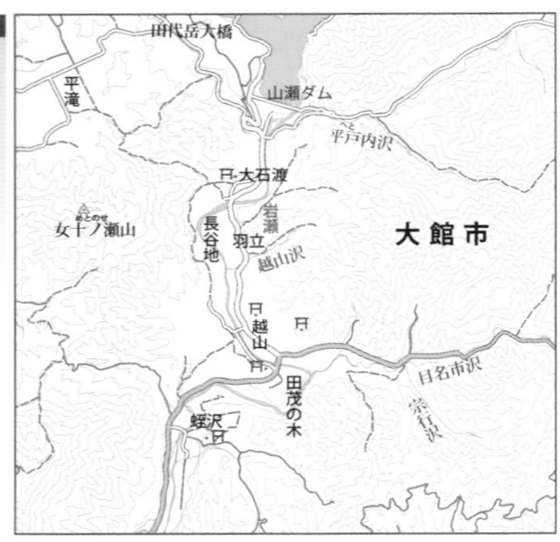

越山集落を望む（左端が越山小跡）

地区のあらまし

この地区は米代川の支流岩瀬川の中流域に位置し、旧越山小学校の学区である。国道7号の田代大橋脇から北方に分岐し、県道68号（白沢田代線）を10kmほど進むと蛭沢(ひるさわ)・田茂(たも)ノ木・越山・羽立・長谷地(ながやち)・大石渡などの集落が並び、田んぼが広がっている。田茂ノ木から県道68号が花岡町、白沢に通じている。上流部に山瀬ダム（五色湖）があり、その上流の青森県境に近い澄川にはロケット燃料実験場がある。地区には山瀬ダムに水没した大渕岱集落（昭和58年移転）とダムの上流には戦後開拓地の繋沢(つなぎさわ)（同35年移転）、内町沢（同年移転）、高岱（同44年移転）や越山小学校平滝分校（平成元年閉校）があり、私はこの調査のため10回ほど訪れている。

小学校の校舎と体育館が残り地区のコミュニティセンターになっており、沿革と校歌を刻んだ記念碑が造られている。中学校もあったが昭和43年閉校した。

越山小学校メモ

開校	明治8年（1875）
閉校	平成20年（2008）
最盛時の児童数	251人
現在の地区児童数	5人
閉校碑・跡地碑	あり

校 歌（一節）

すそ広やかに田代岳
ここ越山の里のどか
心は今日も新しく
みんな輪になり励まし合って
すばらしいあしたを考える
みんな元気な田代越山小学校

大葛（おおくぞ）

大館市比内町大葛

DATA

※令和元年末データ

- 世帯数　204世帯
- 人　口　496人
- 地区にあった学校

大葛小学校

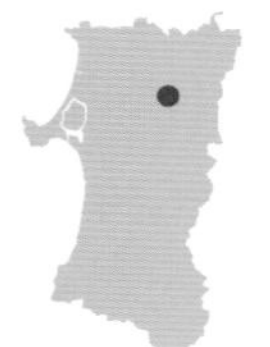

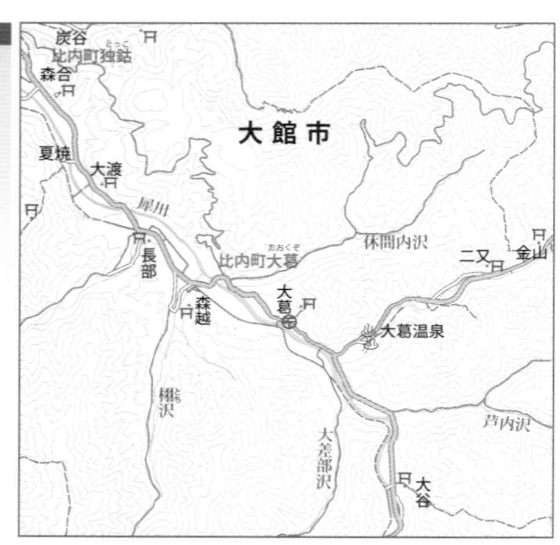

大葛小跡付近から森越集落を望む

地区のあらまし

この地区は米代川の支流犀川の上流域に位置し、旧大葛小学校の学区であり、昭和の合併までは大葛村であった。国道285号を「道の駅ひない」付近の十字路から県道22号（比内大葛鹿角線）に分岐し、15kmほど進むと、森合・夏焼・大渡・長部・森越・大葛・大谷などの集落が約5kmにわたって散在している。上流には大葛温泉、比内地鶏処理場がある。この地には、二又（平成14年移転）、萱ノ戸沢（昭和41年移転）の集落や大葛小学校丹内冬季分校（昭和36年閉校）があり、私はこの調査のため30年ほど前から訪れてきた。また、二又の上流には大葛金山（昭和53年閉山）があり、多数の墓石が残る金山墓地にも歴史を感じてきた。昭和の合併時に2234人を数えた人口は、昭和50年時1365人、現在496人と減少が進んでいる。

小学校のほか中学校もあったが、昭和48年に閉校になった。校舎と広いグラウンドがそのまま残っている。

大葛小学校メモ

開校　明治7年（1874）

閉校　平成24年（2012）

最盛時の児童数　381人

現在の地区児童数　8人

閉校碑・跡地碑　あり

校歌（一節）

みなかみきよい犀川の
流れが風にうたっている
からだもきたえすこやかに
はげむぼくたちわたしたち
楽しい大葛小学校

13 小泉（こいずみ）

大館市比内町白沢水沢、小坪沢

DATA

※令和元年末データ

- 世帯数　29世帯
- 人　口　75人
- 地区にあった学校

八木橋小学校小泉分校

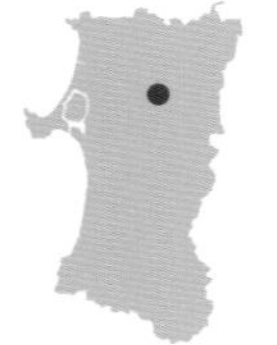

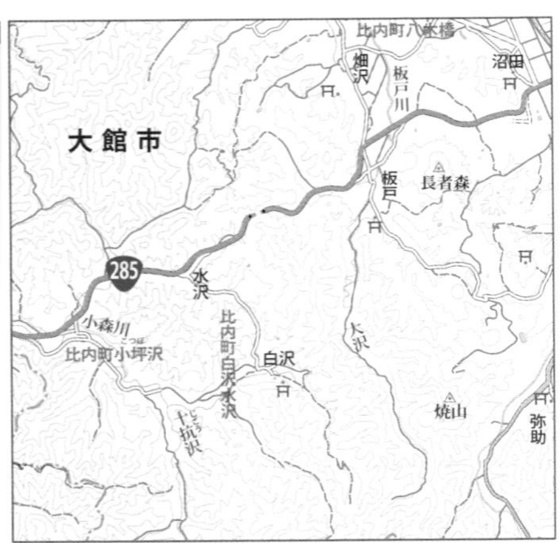

国道から小坪沢集落を望む

地区のあらまし

この地区は米代川の支流小森川の上流域にあり、旧八木橋小学校小泉分校の学区である。地形的には北秋田市七日市地区であり、15項の坊山(ぼうやま)地区と同じ流域である。小坪沢・白沢・水沢の3集落があり、この集落の頭文字をとり分校の名前を「小泉」にしたとされる。国道285号が通っており、大館能代空港方向から進むと、湯ノ岱温泉(坊山地区)を過ぎると小坪沢集落に至る。一方、比内町扇田方向から進むと、板戸越トンネルを抜けて坂道を下ると分校のあった水沢集落がある。トンネルは昭和50年代に完成したもので、それまでは峠を越えて板戸に通行したという。

『角川地名大辞典・秋田県』に「山間の過疎地帯。水田はわずかで大半が国有林。昭和50年時は世帯数37・人口211人」と記録されているので、人口は当時の3分の1に減少、また児童数は1人だけとなっている。分校跡には小泉交流センターが建設されている。

小泉分校メモ

開校	明治32年(1899)
閉校	昭和47年(1972)
最盛時の児童数	51人
現在の地区児童数	1人
閉校碑・跡地碑	無し

校歌(一節)

あけわたる長者の森に
かかぐるは文化の旗よ
とことわの真理たずねて
学びの道をともにはげまん
八木橋のわれらはつらつ
(本校の八木橋小校歌)

鷹巣黒沢（たかのすくろさわ）

北秋田市黒沢

DATA

※令和元年末データ

- 世帯数　6世帯
- 人　口　12人
- 地区にあった学校

黒沢小学校

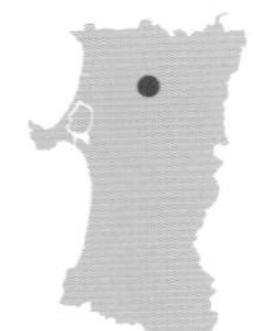

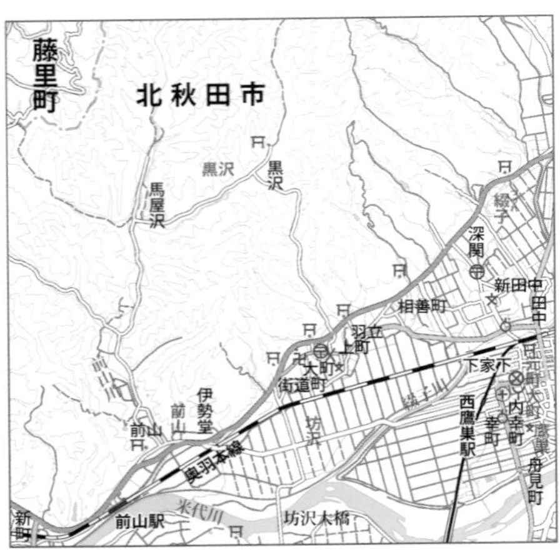

下流から黒沢集落を望む

地区のあらまし

この地区は米代川の支流前山川の上流部に位置し、旧黒沢小学校の学区である。地区への通行は前山集落から前山川沿いの市道を通る方法と、国道7号を坊沢地区から分岐して峠を越えて通行する方法があるが、現在は後者が一般的である。昭和63年発行の『鷹巣町史』に「黒沢から坊沢に至る町道は、山越えのため車の通行不能。住民は不便をかこっていたが、昭和33年から37年にかけて最大の難所、峠の掘り下げ工事を行いハイヤーが通れるようになった……」と記載されている。地区には黒沢、馬屋沢(うまやざわ)の2集落があったが、馬屋沢(最盛時22世帯)が平成14年に無人になり、13世帯あった黒沢も半減している。小学校跡地にはモダンな「黒沢生活改善センター」が建っている。

『角川地名大辞典・秋田県』に「昭和50年時は世帯数28・人口138人」と記載されているので、減少が著しく、児童数もゼロの状況であり、将来が憂慮される。

黒沢小学校メモ

開校　明治13年(1880)

閉校　昭和46年(1971)

最盛時の児童数　39人

現在の地区児童数　0人

閉校碑・跡地碑　無し

校歌(一節)

朝あけ雲のかがやきに
連なる山の美しさ
小川の流れさらさらと
みどりの屋根の小学校

坊山(ぼうやま)

北秋田市小森

DATA

※令和元年末データ

●世帯数　46世帯
●人　口　123人

●地区にあった学校
坊山小学校

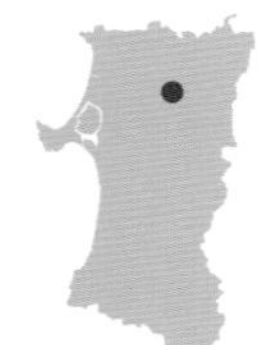

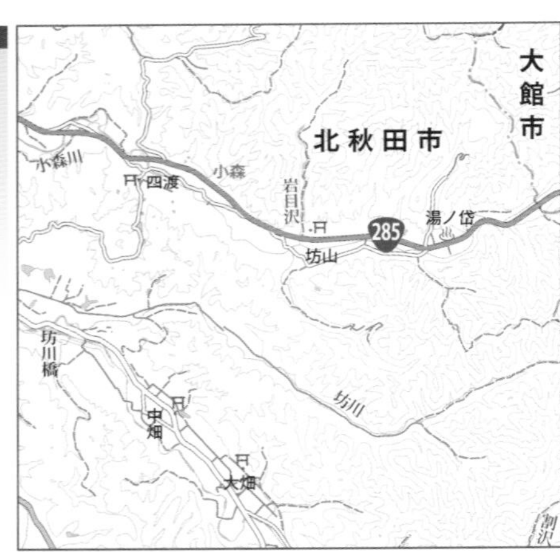

国道から坊山集落を望む

地区のあらまし

この地区は米代川の支流小森川の中流域にあり、坊山小学校の学区である。前項の小泉地区の下流部に当たり、下流から四渡(よわたり)・坊山・湯ノ岱集落がある。湯ノ岱には湯ノ岱温泉や長寿の湯がある。当地区には国道105号の小森交差点から同285号に分岐して4kmほどで至る。

『失われた学校の記録』(秋教祖大館北秋支部)によると、小学校は昭和29年に坊山地区会館の場所から国道沿いに校舎を移転したという。かつて勤務した教員は、「昭和30年代にテレビが入ったが、秋田放送が受信できず、青森放送を視聴した。長い杉の木を3本立ててその上にヤグラを組んでアンテナを取り付けた。何事も3部落で力を合わせて行った」と述べている。小学校跡には民家が建ち、往時の面影は残っていない。校歌は方々探したが見つからなかったので、制作されなかったと思っていたところ、坊山住民の佐藤正美さん(昭和8年生)が保存していた。

坊山小学校メモ

開校	明治17年(1884)〈昭和31年に独立校〉
閉校	昭和47年(1972)
最盛時の児童数	66人
現在の地区児童数	4人
閉校碑・跡地碑	無し

校歌(一節)

きよき流れの小森川
山合いの雫あつめきて
はるかかなたの海にいる
希望に燃える若鷲よ
明るく生きんたくましく
われら坊山小学校

竜森（りゅうしん）

北秋田市七日市

DATA

※令和元年末データ

- 世帯数　160世帯
- 人　口　416人
- 地区にあった学校

竜森小学校

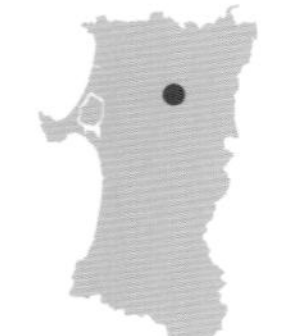

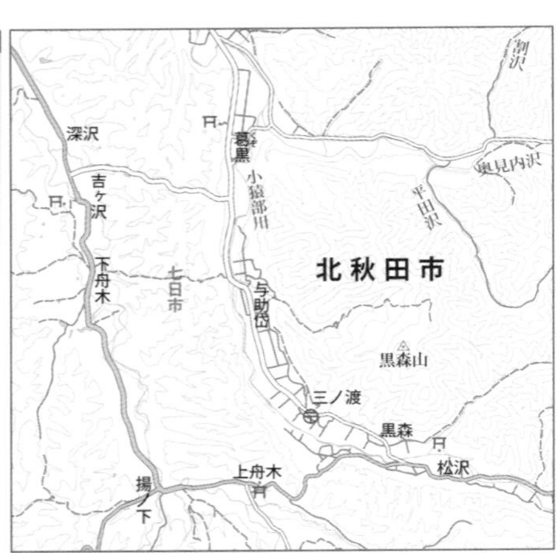

峠の道路から三ノ渡集落を望む

地区のあらまし

この地区は米代川の支流小猿部(おさるべ)川と品類(しなるい)川の二つの流域に所在する。小猿部川流域には大畑・葛黒(くぞぐろ)・門ヶ沢(かどがさわ)・与助岱・三ノ渡・黒森・松沢・羽立・明利又(あかりまた)などの集落があり、品類川流域には深沢・吉ヶ沢・下船木・上船木などの集落がある。地区には葛黒小学校、竜森小学校の2校あったが、昭和47年に両校が統合して与助岱に新竜森小学校を建設した。この時、葛黒小学校の通学区であった大畑・深沢・吉ヶ沢・下船木は鷹巣南小学校に通うようになった。本書では統合前の学区を基にした数字を掲載した。三ノ渡に郵便局、明利又に中世武将・浅利氏に関した板碑や神社がある。3kmほど東方にあった門ヶ沢(10世帯)は昭和48年に葛黒小跡に造成された住宅地に集団移転し、現在も門ヶ沢と呼んでいる。ちなみに葛黒小の校歌は「小猿部の清流見下ろして　緑の丘にうるわしく　平和のすがたそのままに　たてる我が校のけだかさよ」であった。

竜森小学校メモ

開校　明治25年(1892)
〈昭和47年に葛黒小と統合〉
閉校　平成21年(2009)
最盛時の児童数　347人
(2校合せて)
現在の地区児童数　8人
閉校碑・跡地碑　あり

校歌(一節)

若草もゆる楽しき丘に
竜が森山望めば高し
学べよここにまことの道を
とわに求めよ不滅の正義
竜森われらが竜森

岩谷（いわや）

北秋田市綴子

DATA

※令和元年末データ

●世帯数　26世帯

●人　口　44人

●地区にあった学校

綴子小学校岩谷分校

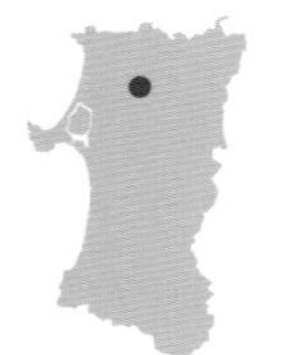

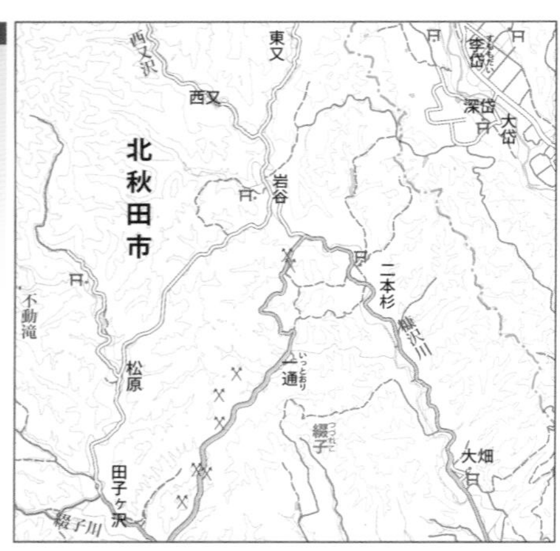

上流から二本杉集落を望む

地区のあらまし

この地区は米代川の支流糠沢川の上流域に所在し、綴子小学校旧岩谷分校の学区である。国道7号を糠沢地区から北方に分岐し合地、大畑集落を抜けて8kmほどさかのぼると当地区に至る。下流に二本杉集落、2kmほど上流に分校があった岩谷集落がある。さらに2kmほど上流には東又(9世帯)、西又(3世帯)の集落があったが、昭和40年代後半に無人になった。

享保15年(1730)の『六郡郡邑記』に、「糠沢村の支郷、二本杉村11軒、岩谷村7軒」とあるので、地区は古くから開発されたものと思われる。拙書『秋田・消えた分校の記録』(2001)では「戦後最盛時には4集落合せて40戸あったが、東又、西又が無人になり、岩谷も半数に減少している。平成に入って田子ヶ沢地区から県道が開通したが、過疎化の進行は止まらない」と記載した。分校跡には「岩谷林業センター」(新林業構造改善実験事業)が建っている。

岩谷分校メモ

開校	明治14年(1881)
閉校	昭和54年(1979)
最盛時の児童数	53人
現在の地区児童数	0人
閉校碑・跡地碑	無し

校歌(一節)

雲井に仰ぐ森吉の
気高き山の心もて
朝な夕なに修るわれら
たのしわれらの学び舎たのし

(本校の綴子小校歌)

合川西（あいかわにし）

北秋田市李岱、羽根山、福田

DATA

※令和元年末データ

- 世帯数　349世帯
- 人　口　867人

- 地区にあった学校

　合川西小学校

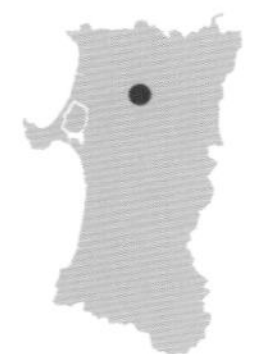

落合橋から合川小学校を望む

地区のあらまし

この地区は米代川の支流阿仁川と小阿仁川が合流する地域で、昭和の合併までは落合村であり、落合小学校（合併後、合川西小）、落合中学校（合併後、合川西中・昭和37年閉校）があった。旧合川町は国道が通っていないが、県道3号（二ツ井森吉線）と県道24号（鷹巣川井堂川線）が走り交通の便は良い。李岱(すももだい)を中心に羽根山(はねやま)・羽立(はだち)・福田・新田目などの集落が並び水田が広がっている。李岱は秋田内陸線・合川駅に近く、合川小学校、合川中学校やスーパーなどの商業施設などもあって旧合川町の中心地区になっている。この条件の良い土地が減少率70％を超えているのは不思議である。観光行事になっている合川の“まとび”は、李岱の阿仁川河畔で行われている。羽立の上流にあった板谷沢集落（3世帯）は昭和46年無人になった。

小学校跡は三階建ての校舎がそっくり残っているが、周囲はソーラーパネルが設置されフェンスで覆われている。

合川西小学校メモ

開校	明治7年（1874）
閉校	平成24年（2012）
最盛時の児童数	535人
現在の地区児童数	40人
閉校碑・跡地碑	未確認

校歌（一節）

流れる阿仁の水清く
つらなりつづく大野台
広い稲田は日ににおう
郷土のいのちこの胸に
楽しく共に励みあい
ひとみかがやきすこやかに

合川南（あいかわみなみ）

北秋田市根田、芹沢、三木田、鎌沢

DATA

※令和元年末データ

●世帯数　397世帯
●人　口　941人

●地区にあった学校
合川南小学校

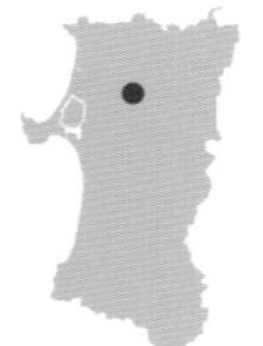

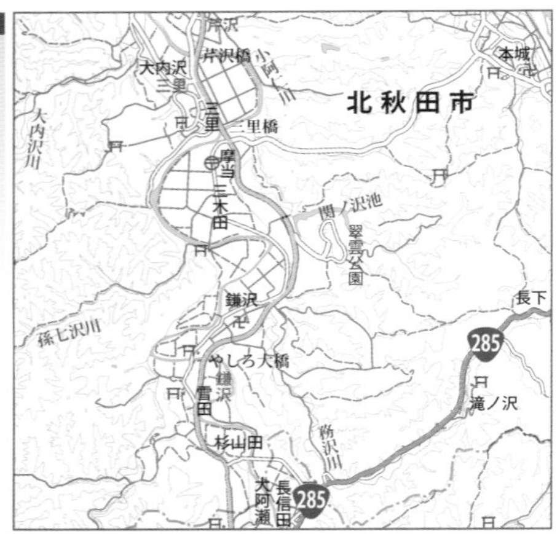

下流から三木田・摩当方面を望む

地区のあらまし

この地区は前項の合川西地区の下流に所在する。昭和の合併までは下小阿仁村であり、下小阿仁小学校（合併後、合川南小）、下小阿仁中学校（合併後、合川南中・昭和37年閉校）があった。小阿仁川に沿って西根田（にしこんだ）・東根田・芹沢・大内沢（おおないざわ）・三里（みつさと）・摩当・三木田（みつきだ）・鎌沢・雪田（ゆきた）・杉山田などの集落が長く続いている。杉山田は上小阿仁村との境界近くにあり、県道24号はここで国道285号に合流する。摩当に下小阿仁郵便局があり、小学校は三木田にあった。鎌沢と根田に分校が置かれ、鎌沢分校は昭和24年、根田分校は同31年に閉校した。18世帯あった大内沢は、昭和46年に三里集落の台地に集団移転し、現在も大内沢として旧来の名を引き継いでいる。鎌沢の正法院（曹洞宗）には高さ4・8mの丈六延命地蔵尊があり「鎌沢の大仏」として知られている。延享（えんきょう）2年(1745)の作で市指定文化財である。

3階建ての小学校校舎がそのまま残っている。

合川南小学校メモ

開校　明治8年(1875)

閉校　平成24年(2012)

最盛時の児童数　452人

現在の地区児童数　14人

閉校碑・跡地碑　あり

校歌（一節）

狭霧を展き流れくる
小阿仁の清き水の辺に
腕組みあわせ健やかに
われらは学ぶああ母校
合川南小学校

三枚（さんまい）

北秋田市阿仁小様、三枚鉱山

DATA

※令和元年末データ

- ●世帯数　27世帯
- ●人　口　53人

- ●地区にあった学校

三枚小学校

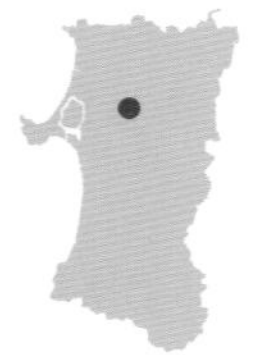

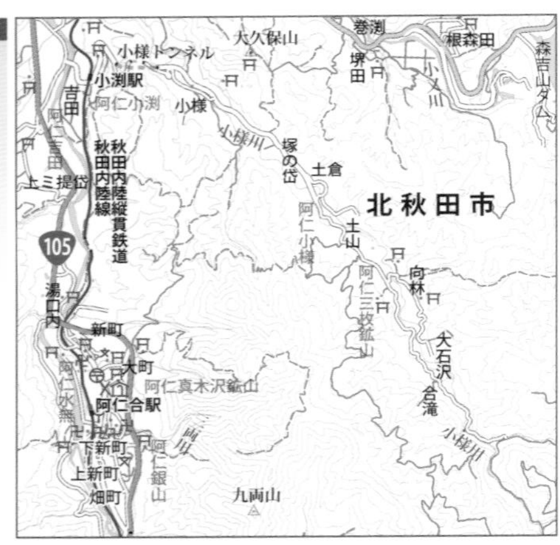

下流から三枚集落方向を望む

地区のあらまし

この地区は米代川の支流小様川流域に開けた農村地域で、旧三枚小学校の学区である。国道105号から東方に分岐し、秋田内陸線・こぶち駅付近から市道を進み、小様トンネルを抜けると地区になる。小様川に沿って塚の岱・土倉・土山・三枚・向林（むかいばやし）・合滝（あいたき）などの集落が細長く上流に続いている。役所では、塚の岱から下流を下小様、土倉から上流を上小様の行政区で取り扱っている。最上流には鉱山が複数あったが、昭和10年代に閉山になり地区は一寒村になってしまった。『角川地名大辞典・秋田県』に「昭和50年時は46世帯・212人」とあるので、現在はさらに減少し、児童数もゼロになっている。向林の2kmほど上流には大石沢集落（2世帯）があったが、昭和61年に無人になった。向林、合滝も1世帯だけが生活しており「ポツンと一軒家」の感じである。

小学校跡は荒れ地になっており、その中に閉校記念碑だけが建っている。

三枚小学校メモ

開校　明治25年（1892）
〈昭和41年に独立校〉
閉校　昭和53年（1978）
最盛時の児童数　38人
現在の地区児童数　0人
閉校碑・跡地碑　あり

校歌（一節）

小様の流れ水きよく
森吉のみねすそとおく
元気に楽しく日々を
すごす平和な三枚の
ほこりも高しわが母校

根子（ねっこ）

北秋田市阿仁根子

DATA

※令和元年末データ

- ●世帯数　58世帯
- ●人　口　123人
- ●地区にあった学校

根子小学校

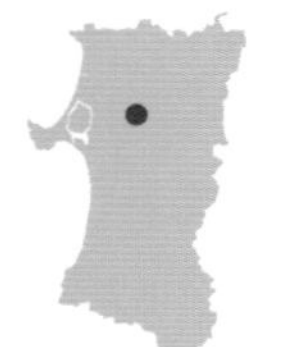

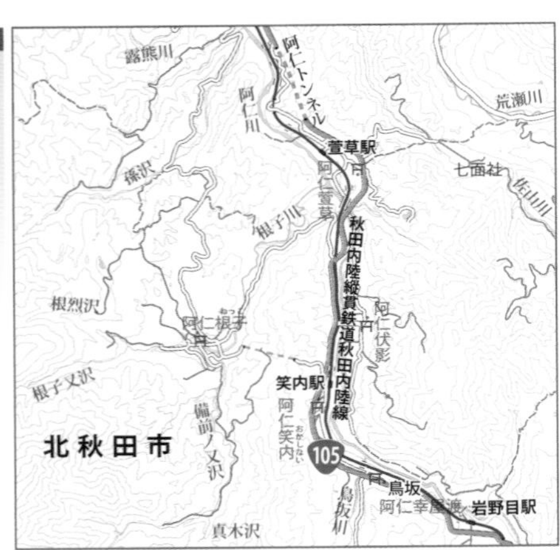

根子小跡から集落を望む

地区のあらまし

この地区は米代川の支流阿仁川流域の根子川沿いに開けた小盆地で、旧根子小学校の学区である。国道105号から市道に分岐し、根子トンネルを抜けると展望台があり、ここに設置されている案内板には集落の概要が紹介されているので全文を掲載する。「ここ根子集落は源平合戦の後、落人がこの地に住み着いたといわれています。根子トンネルは、隠れ里と呼ばれる根子集落と国道を結ぶ道として、昭和50年に開通しました。それまでは峠を越えての往来でした。また、独特の風習と信仰を持つ狩猟文化、阿仁マタギ発祥の地としても知られています。“根子番楽（ばんがく）”は舞の形式が能楽の先駆をなす幸若舞以前のものであること、歌詞の内容が文学的に優れていることが称賛され、平成16年に国の重要無形文化財に指定されました」。小学校跡には、根子番楽伝承館が建っている。『角川地名大辞典・秋田県』に「昭和50年時は88世帯・388人」と記載されている。

根子小学校メモ

開校	明治10年（1877）
閉校	平成10年（1998）
最盛時の児童数	136人
現在の地区児童数	0人
閉校碑・跡地碑	あり

校歌（一節）

めぐる山河はうるわしく
やすらかな里わが根子
つたえゆかしき番楽に
又鬼（またぎ）の面影をしのびつつ
学びにいこうよこの窓に

中村（なかむら）

北秋田市阿仁中村

DATA

※令和元年末データ

- 世帯数　85世帯
- 人　口　192人

- 地区にあった学校

中村小学校

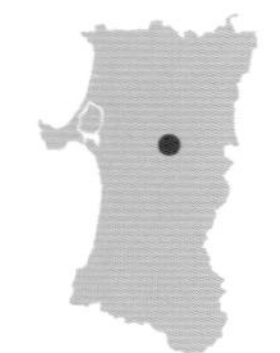

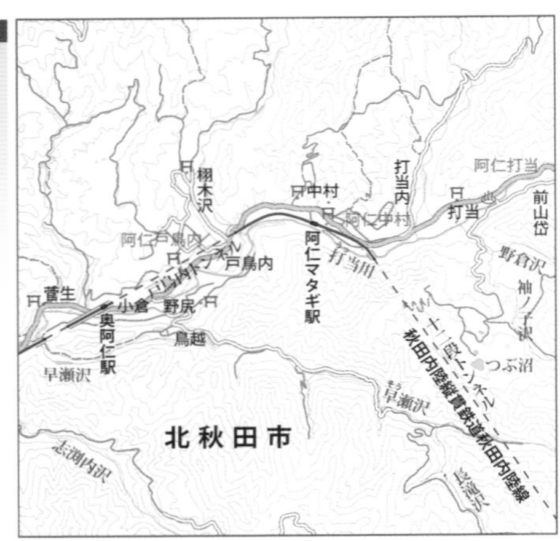

下流から打当集落を望む

地区のあらまし

この地区は米代川の支流阿仁川流域の打当（うっとう）川沿いに所在し、旧中村小学校（昭和37年に中学校閉校）の学区である。「道の駅あに」から打当川沿いに延びる県道308号（河辺阿仁線）に分岐して進むと、菅生・小倉・野尻・戸鳥内・中村・打当などの集落が延びている。県道に並行して秋田内陸線が走っており、小倉に「奥阿仁駅」、中村に「阿仁マタギ駅」がある。打当には打当温泉、マタギ資料館、熊牧場などがある。

江戸後期の紀行家・菅江真澄は、文化2年（1805）8月にこの地を訪れ、『みかべのよろい』に、中村の「七不思議の石」や打当の「つぶ沼のつぶ（たにし）はみな左巻きである」と述べている。そして鳥越（とりごえ）に泊まったことを記載している。この鳥越は昭和60年に無人になった。

『角川地名大辞典・秋田県』に「昭和50年時は世帯数145・人口732人」と記載されている。小学校跡には中村地区コミュニティセンターが建っている。

中村小学校メモ

開校	明治10年（1877）
閉校	平成7年（1995）
最盛時の児童数	230人
現在の地区児童数	8人
閉校碑・跡地碑	あり

校歌（一節）

森吉の山ふところにいだかれて

四時おりおりのながめゆかしき

栗の香ただよう中村は

ああなつかしきわがふるさと

仏社（ぶっしゃ）

上小阿仁村堂川、仏社

DATA

※令和元年末データ

- ●世帯数　186世帯
- ●人　口　459人
- ●地区にあった学校

仏社小学校

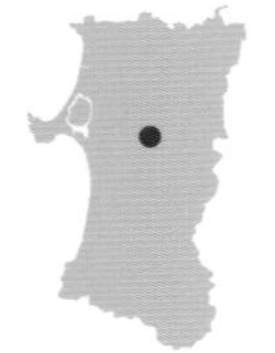

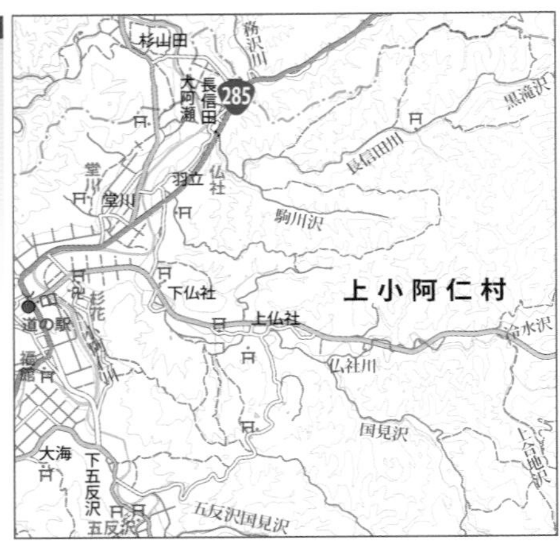

上仏社方向から下仏社を望む

地区のあらまし

この地区は米代川の支流小阿仁川の中流域にあり、旧仏社小学校の学区である。長信田(ながしだ)・羽立(はだち)・大阿瀬(おおあせ)・下仏社・上仏社の5集落が通学区であった。長信田・羽立は国道285号沿いに、大阿瀬は19項の合川南地区寄りに、下仏社・上仏社は仏社川流域にある。仏社川に沿って県道214号(福館阿仁前田線=やまげらエコーライン)が走っており、北秋田市阿仁前田に通じている。仏社小学校は羽立にあった。跡地は個人業者の所有地になっている。昭和63年に沿革を刻んだ跡地碑が建立された。上仏社の南東方向には仏社小学校折渡(おりわたり)分校があったが、昭和49年に閉校し集落(最盛時6戸)も無人になった。大阿瀬の稲荷神社の脇に、藩政期の鎌沢村(合川南地区)との村境の石標が現存する。

『角川地名大辞典・秋田県』に「昭和50年時の世帯数は230・人口901人」とあり、令和元年の上小阿仁村役場の資料には高齢化率50%を超えるとある。

仏社小学校メモ

開校　明治11年(1878)

閉校　昭和48年(1973)

最盛時の児童数　231人

現在の地区児童数　8人

閉校碑・跡地碑

校歌(一節)

みなもと遠く水清き
小阿仁の瀬音つきぬごと
互いにむつみ手をくみて
進まんわれらの仏社校

24 南沢（みなみさわ）

上小阿仁村南沢

DATA

※令和元年末データ

- ●世帯数　29世帯
- ●人　口　49人

●地区にあった学校

沖田面小学校南沢分校

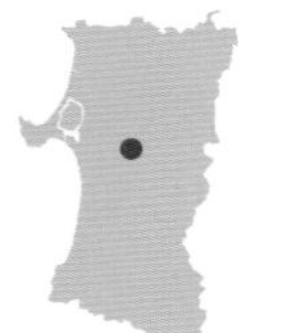

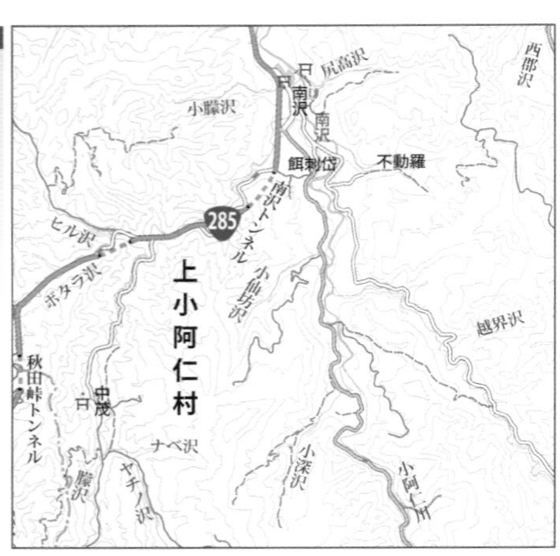

南沢分校跡（右の青屋根）を望む

地区のあらまし

南沢集落は前項の仏社地区の10kmほど上流にあり、旧沖田面小学校南沢分校があった。ここを拠点に上流には同八木沢分校、同萩形(はぎなり)分校、南西方向には同中茂(なかも)分校があり地区の範囲は広い。4分校とも閉校記念誌が作られているので、この中から必要部分を拾ってみる。南沢分校は南沢・不動羅(ふどうら)・餌刺岱(えさしだい)が学区で最盛時53世帯あり、分校は昭和43年閉校した(ピーク時の児童数60人)。八木沢には最盛時33世帯あり、分校は同58年閉校した(同35人)。萩形には最盛時38世帯あり、昭和44年無人になって分校も閉校した(同34人)。中茂には最盛時13世帯あり、分校は同61年閉校した(同13人)。現在、南沢は19世帯32人、八木沢は7世帯11人、中茂は3世帯6人が生活している。児童数はいずれもゼロである。南沢、八木沢、中茂とも校舎が残り地区会館として利用している。萩形は萩形ダムの上流にあり、山林になっている。

南沢分校メモ

開校	大正8年(1919)
閉校	昭和43年(1968)
最盛時の児童数	60人
現在の地区児童数	0人
閉校碑・跡地碑	あり

校 歌(一節)

小阿仁の流れ歌っている
こがねの稲穂実るよう
心豊かにほほえんで
肩くみあって肩くみあって
進もうよわれら沖田面
(本校の沖田面小校歌)

檜山（ひやま）

能代市檜山

DATA

※令和元年末データ

●世帯数　388世帯
●人　口　903人

●地区にあった学校
崇徳小学校

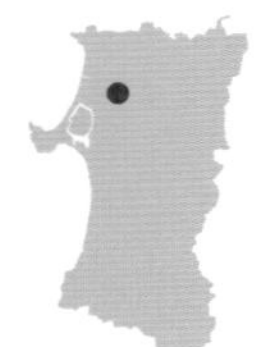

旧羽州街道の松並木（遠方が崇徳小跡）

地区のあらまし

この地区は米代川の支流檜山川流域に所在し、旧自治体の檜山町であり、崇徳小学校の学区（平成2年に中学校閉校）である。藩政時代は羽州街道が通り、佐竹氏の家臣多賀谷氏の城下町（檜山町）であった。ここを中心に田床内・母体・羽立・赤坂・大森・犬伏・上中沢・下中沢・今泉・新田などの集落が散在している。羽州街道は現在、県道4号（能代五城目線）になっている。深い歴史があるので、古いものが多くある。中世の檜山城（霧山城）跡は国の史跡に、羽州街道の松並木は県史跡に指定されている。檜山集落西部には茶畑があり北限の茶として知られている。また、小学校跡の近くには羽州街道の一里塚跡がある。この歴史のある土地も減少率69・5％と深刻な状態になっている。

崇徳小学校の名称は、藩校明徳館の郷校であった崇徳書院に由来するという。モダンな小学校の校舎がそっくり残っている。前庭には閉校記念碑が造られている。

崇徳小学校メモ

開校　明治7年（1874）

閉校　平成31年（2019）

最盛時の児童数　514人

現在の地区児童数　14人

閉校碑・跡地碑　あり

校歌（一節）

明日に輝く霧山の
若木の姿を身となして
育つ我等が肩をくみ
共にはげまんたくましく
学びの庭に光あり

鶴形（つるがた）

能代市鶴形

DATA

※令和元年末データ

●世帯数　240世帯
●人　口　627人

●地区にあった学校
鶴形小学校

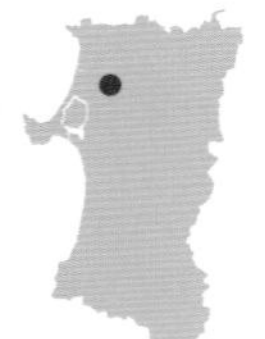

国道から鶴形集落を望む

地区のあらまし

この地区は米代川の川沿いに位置し、旧自治体の鶴形村であり、旧鶴形小学校の学区である。国道7号から米代川方向に延びる市道に分岐し、3km近く進むと地区に至る。地区の家々はほとんど1カ所にまとまり、市街地を形成している。ＪＲ奥羽本線が地区内を通り、鶴形駅がある。また、地区内に市役所支所、ＪＡ支所、寺院がある。藩政時代の羽州街道は、前項の檜山地区から国道7号を横切り鶴形に延びていた。国道に近い場所に「鴨巣(かもす)一里塚」が往時のまま残っている。説明板に「幸いにも鴨巣一里塚は開創当時の姿をとどめ、往時を偲ばせる」と記載されている。

この地区の象徴は校歌にあるように、東にそびえる茂谷山(もやさん)と西に流れる米代川である。この自然の美しい土地も過疎化が進行している。小学校と中学校（平成2年閉校）は鶴形駅の向かいにあった。小学校舎がそのまま残っているが、校地内は立入禁止になっている。

鶴形小学校メモ

開校　明治7年（1874）

閉校　平成31年（2019）

最盛時の児童数　272人

現在の地区児童数　20人

閉校碑・跡地碑　あり

校歌（一節）

東に高く茂谷山
西に流るる米代の
清く気高き心もて
共にはげまんこの園に
（小中共通歌）

27 山谷（やまや）

能代市常盤山谷

DATA

※令和元年末データ

●世帯数　68世帯
●人　口　168人

●地区にあった学校
山谷小学校

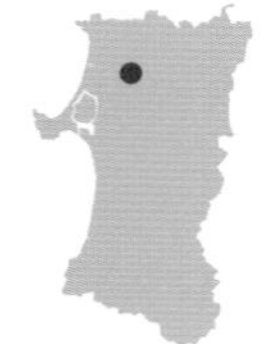

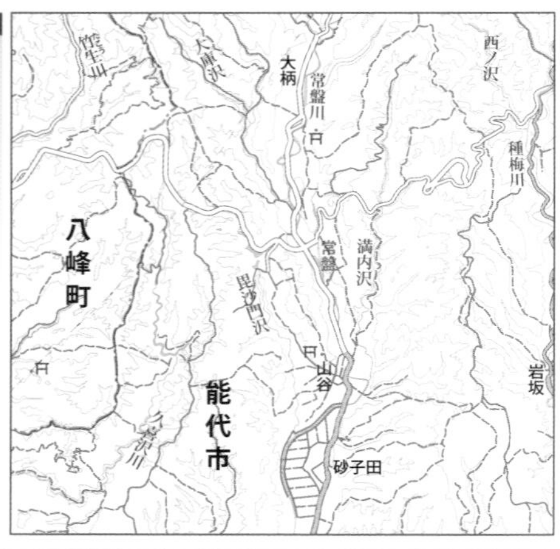

山谷小跡（中央の森）を望む

地区のあらまし

この地区は米代川の支流常盤川の中流域に位置し、旧山谷小学校の学区である。米代川北岸の常盤地区から県道206号(山谷富根停車場線)を進むと地区に至る。常盤川に沿って砂子田(すなこだ)・山谷・大柄(おおがら)の集落が約3kmにわたって延びている。上流には名瀑・大柄の滝がある。小学校は山谷の上外れにあった。跡地は荒れ地になり往時の面影は残っていない。昭和45年に常盤小学校に統合後、この常盤小も令和2年4月に向能代小学校に統合になった。

享保15年(1730)の『六郡郡邑記』に、「常盤村の支郷、山谷村21軒、大柄村25軒」と載っている。江戸後期の紀行家・菅江真澄は『おがらの滝』に、文化4年(1807)4月24日に大柄の佐々木八兵衛方に宿泊し、大柄の滝を訪れたことを記している。滝に向かうと大石と呼ばれる集落があり、大柄清右衛門という代々「甚助の家」と呼ばれる300年も続いた旧家があったと述べている。

山谷小学校メモ

開校　明治12年(1879)

閉校　昭和45年(1970)

最盛時の児童数　145人

現在の地区児童数　4人

閉校碑・跡地碑　無し

校歌(一節)

しめんを山につつまれて
あゆすむ小川かじかなく
そのみなもとはだいぐらの
れいほうにいでてにおぐらや
しばりをながれおおがらの
たきのしぶきとあいがつす

28 種梅（たねうめ）

能代市二ツ井町種、梅内

DATA

※令和元年末データ

- 世帯数　320世帯
- 人　口　770人
- 地区にあった学校
  種梅小学校

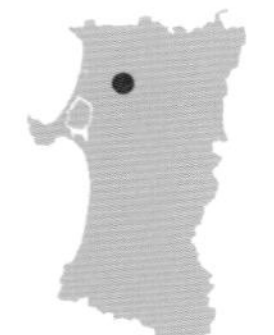

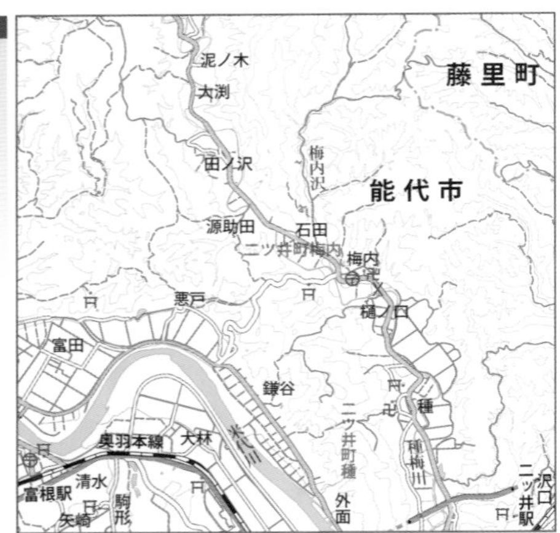

梅内集落を望む（右の赤屋根が種梅小跡）

地区のあらまし

この地区は米代川の支流種梅川に沿って集落が形成されており、旧種梅小学校の学区である。種と梅内が集落の規模が大きく世帯数の大半を占めている。上流に石田・源助田・田ノ沢などの小集落がある。その上流が次項の馬子岱(ばっこだい)の学区になる。この2地区を併せて旧自治体の種梅村である。つまり種梅村には小学校が2校あった。中学校は1校で、種梅小学校の真向かいにあった。梅内に郵便局、種に農協支所があり、種と梅内に寺院が各1寺ある。石田の北方には戦後の梅内沢開拓地があり、私はこの調査で訪ねたことがある。9世帯あったが昭和51年に無人になった。

旧種梅村は昭和の合併時の人口は2735人であった。昭和50年時は390世帯・1748人(『角川地名大辞典・秋田県』)、そして現在は368世帯・874人となり、減少が進んでいる(いずれも馬子岱地区含む)。

小学校跡には体育館が残されている。

種梅小学校メモ

開校　明治8年(1875)

閉校　平成17年(2005)

最盛時の児童数　367人

現在の地区児童数　19人

閉校碑・跡地碑　あり

校歌(一節)

輝く峰の風清く
さきがけ開く梅の花
ああふるさとをゆりかごと
明るく匂う眉上げて
学びの扉開こうよ

馬子岱（ばっこだい）

能代市二ツ井町梅内

DATA

※令和元年末データ

- 世帯数　49世帯
- 人　口　104人

- 地区にあった学校

馬子岱小学校

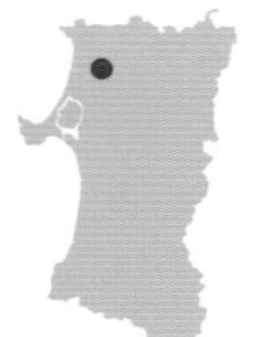

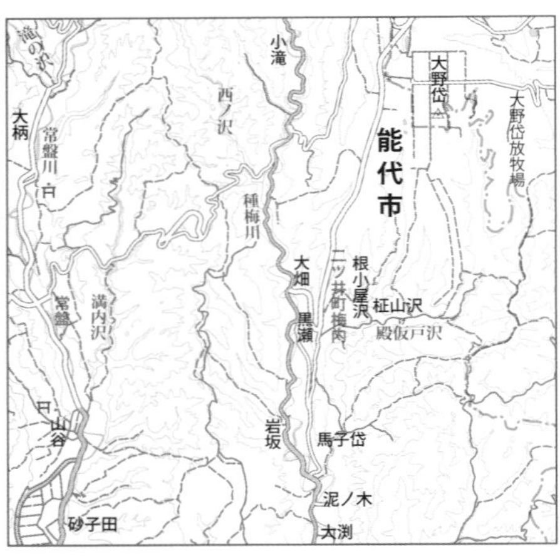

馬子岱方向から岩坂集落を望む

地区のあらまし

この地区は前項の種梅地区の上流に位置し、旧馬子岱小学校の学区である。梅内から種梅川をさかのぼり、田ノ沢集落を過ぎると当学区になる。大渕・泥ノ木・馬子岱集落があり、その上流は岩坂・黒瀬・大畑・小滝・窓山（まどやま）と狭い谷間に約6kmにわたって小集落が点在している。地区には昭和49年に集団移転した征山沢（まさやま）（5戸）と根子屋沢（わごや）（3戸）があった。この移転地は、馬子岱小学校の教員住宅の場所を住宅地に整備し、新しい集落（常盤渡（ときわわたり）団地）を造ったのであった。平成元年にこの調査で訪れた時は、住宅も新しく新生活の喜びが伝わってきたが、30年余り経った今は再移転された方もいるようだ。小学校は閉校して10年ちょっとだったので、校舎がそっくり建っていたが、現在は荒れ地となり往時の面影は消えてしまった。

江戸後期の紀行家・菅江真澄は27項の大柄を訪ねた後、この地区に入ったことを『おがらの滝』に記している。

馬子岱小学校メモ

開校　明治22年（1889）
〈昭和38年に独立校〉
閉校　昭和49年（1974）
最盛時の児童数　53人
現在の地区児童数　0人
閉校碑・跡地碑　無し

校歌（一節）

つつじがもえる石坂に
小滝の山がすむときに
あおぐひとみのすがしさよ
のぞみひろがる夢がひろがる
馬子岱に

二ツ井田代（ふたついたしろ）

能代市二ツ井町田代

DATA

※令和元年末データ

●世帯数　67世帯
●人　口　123人

●地区にあった学校
田代小学校

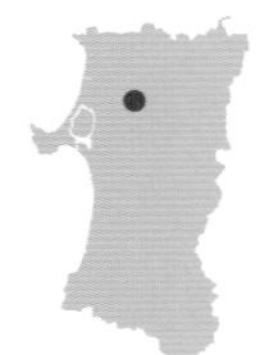

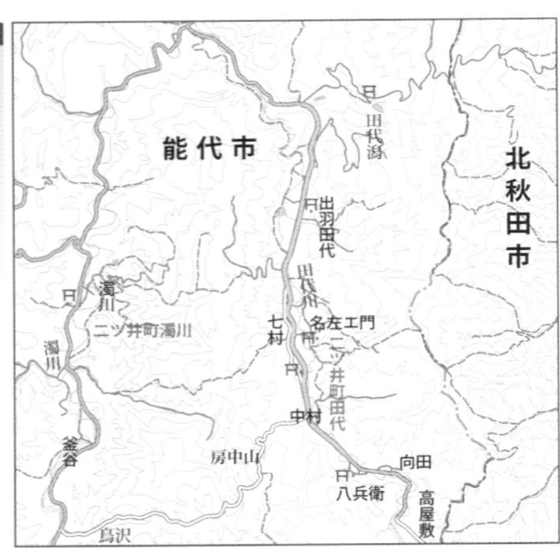

上流から田代小中跡を望む

地区のあらまし

この地区は米代川の支流内川流域の田代川沿いに所在し、旧田代小学校の学区である。二ツ井市街を抜け、銀杏(いちょう)橋（米代川）を渡り、9kmほど上流に進むと仙ノ台集落に至る。ここで道路は二つに分かれ、左方の田代川を3kmほどさかのぼると平地が開け当地区に至る。出羽田代・七村(しちむら)・名左エ門・中村・向田・八兵衛・高屋敷と集落が続いている。上流には秋田杉の保護林があり、日本一高い秋田杉がある。小学校には中学校が併設（昭和47年閉校）されていた。小・中の校舎がそのまま残っている。昭和40年代初めに勤務した一教師は、「周囲が国有林だったので、営林署に従事している人が多かった。昭和41年地域念願のバスが開通した時は、お年寄りから小中学生まで花バスに乗せてパレードした」と『失われた学校の記録』で述べている。

『角川地名大辞典・秋田県』に「昭和50年時は129世帯・525人」とあるので人口減少が著しい。

田代小学校メモ

開校	明治11年（1878）
閉校	平成16年（2004）
最盛時の児童数	228人
現在の地区児童数	1人
閉校碑・跡地碑	あり

校 歌（一節）

水深く澄んで気高い田代潟
光る姿に心すまして
みなぎる力芳しの
緑の天地つつみゆく
ああその生命郷土の
平和をきずくあかるい希望

濁川（にごりかわ）

能代市二ツ井町濁川

DATA

※令和元年末データ

- 世帯数　7世帯
- 人　口　10人
- 地区にあった学校

濁川小学校

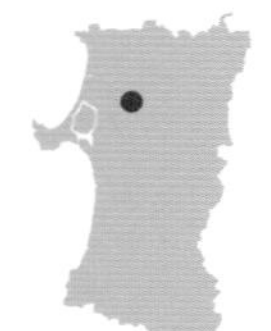

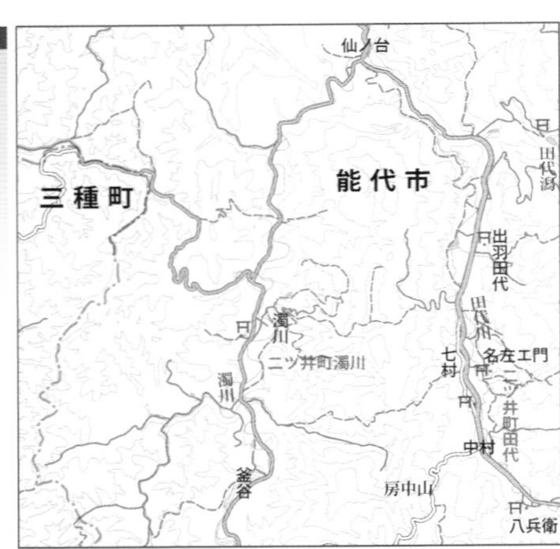

今も稲架杭（はさぐい）が残る濁川の田んぼ

地区のあらまし

米代川の支流内川を9kmほど上流に進むと仙ノ台集落に至る。ここで道路は二つに分かれ、右方の濁川を4km近くさかのぼると旧濁川小学校の学区に至る。左方の田代川上流には前項の田代地区があり、両地区は生活交流が深かった。地区は濁川、釜谷(かまや)の2集落からなり、最盛時には濁川30世帯、釜谷17世帯あった。昭和30年代には営林署の作業員宿舎もあり商店が3店もあったというが、平成25年に釜谷が無人になり、濁川に7世帯10人が生活するだけである。釜谷には3戸が耕作に通っており、田んぼは綺麗に管理されている。小学校は田代小学校の分校として長く続いたが、昭和42年に独立校になった。中学生は山を越えて田代中学校に通った。現在この山道は廃道になっている。校舎の一部が残り、濁川公民館になっている。

『角川地名大辞典・秋田県』に「昭和50年時は40世帯・148人」とあるので、急速に人口減少が進んでいる。

濁川小学校メモ

開校	明治25年(1892)〈昭和42年に独立校〉
閉校	昭和57年(1982)
最盛時の児童数	43人
現在の地区児童数	0人
閉校碑・跡地碑	あり

校歌(一節)

光きらめく房住
芽ぶきあふれるいのち
希望を胸にさあ行こう
すこやかにあかるく
ぼくらのわたしたちの
濁川小学校

岩子（いわこ）

八峰町峰浜目名潟岩子

DATA

※令和元年末データ

- 世帯数　97世帯
- 人　口　233人
- 地区にあった学校
  岩子小学校

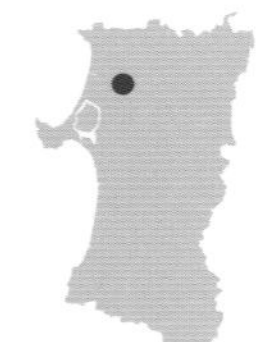

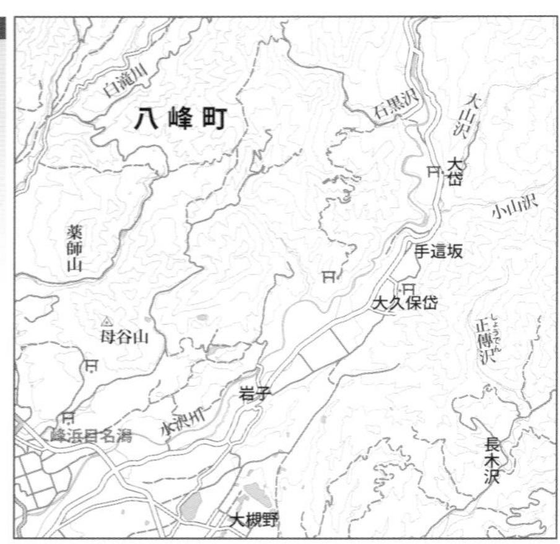

下流から大久保岱集落を望む

地区のあらまし

この地区は日本海に注ぐ水沢川の中流域に位置し、旧岩子小学校の学区である。国道101号、または県道63号（常盤峰浜線）から、水沢川に沿って延びる市道に分岐して進むと当地区に至り、岩子・大久保岱・手這坂（てはいざか）・大岱と集落が続いている。最上流部には水沢ダムがある。小学校々舎がそのまま残り、さくら園（福祉施設）になっている。

江戸後期の紀行家・菅江真澄は、文化4年（1807）にこの地を訪れ「大久保岱にはいって、村長（むらおさ）のところで休息してなにかと語り合う。この村には宇治という姓がたいそう多い。山城の国（京都）の人がここにきて住み、田を開いたということである。本家は田村を名のっているが、一族はみな宇治姓である。しばらく行くと手這坂という所にでた。家が四、五軒、川岸の桃の花園にかくれてあった」と『おがらの滝』に記している。手這坂は平成12年無人になったが、現在、県外からの移住者が生活している。

岩子小学校メモ

開校	明治10年（1877）
閉校	平成20年（2008）
最盛時の児童数	149人
現在の地区児童数	4人
閉校碑・跡地碑	あり

校歌（一節）

平和の虹のかけはしに
映える母谷山あおぎつつ
心ゆたかに美しく
歌うよろこび緑の原に
あかるくゆれてなごやかに
すすむよい子に光りあり

塙川（はなわかわ）

八峰町峰浜塙、石川

DATA

※令和元年末データ

●世帯数　561世帯
●人　口　1412人

●地区にあった学校
塙川小学校

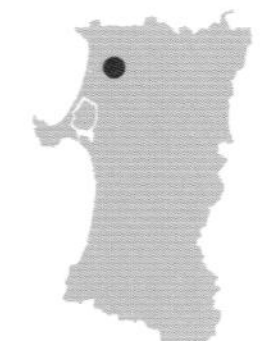

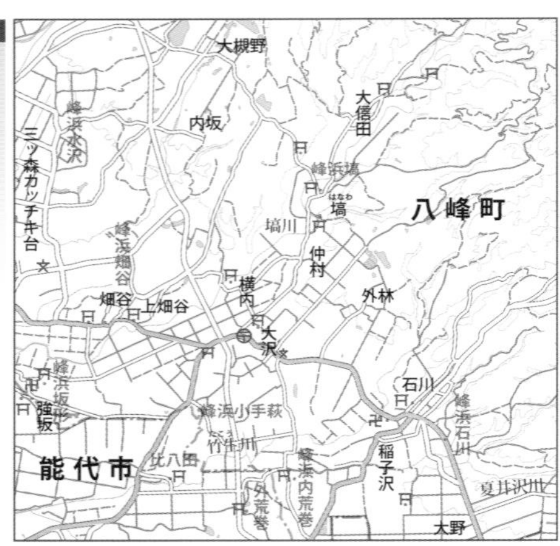

大沢から大信田方向を望む

地区のあらまし

この地区は日本海に注ぐ塙川と竹生(たこう)川の二つの流域に位置し、旧自治体の塙川村であり、旧塙川小学校の学区である。一番大きい集落は石川で143世帯・399人、続いて畑谷80世帯・212人、大沢58世帯・157人、塙57世帯・125人、大信田47世帯・125人となっている。ほかに横内・仲村・内坂・上畑谷・強坂(こわざか)・小手萩・内荒巻・大野・稲子沢(いなこさわ)・外林などの集落が散在している。大沢に町役場支所や郵便局などがある。小学校と中学校(昭和56年閉校)も大沢にあった。『角川地名大辞典・秋田県』の昭和50年時の記録では、石川が205世帯・851人、畑谷が104世帯・537人、塙(大沢、塙、大信田の合算)が211世帯・978人となっている。

江戸後期の紀行家・菅江真澄は最上流部にあった河地(かっち＝川の源)の近右衛門家を訪ねている。これは長木沢集落(7戸)のことで昭和47年無人になった。

小学校の校舎がそのまま残っている。

塙川小学校メモ

開校　明治10年(1877)

閉校　平成28年(2016)

最盛時の児童数　620人

現在の地区児童数　37人

閉校碑・跡地碑　無し

校歌(一節)

うるわしきかな谷川の
澄める流れはそのままに
学びの道を進みゆく
われらが清き心なり
ああすこやかになごやかに

上岩川（かみいわかわ）

三種町上岩川

DATA

※令和元年末データ

- ●世帯数　230世帯
- ●人　口　463人

●地区にあった学校

上岩川小学校

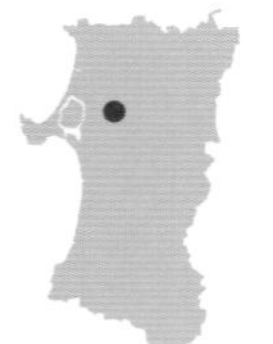

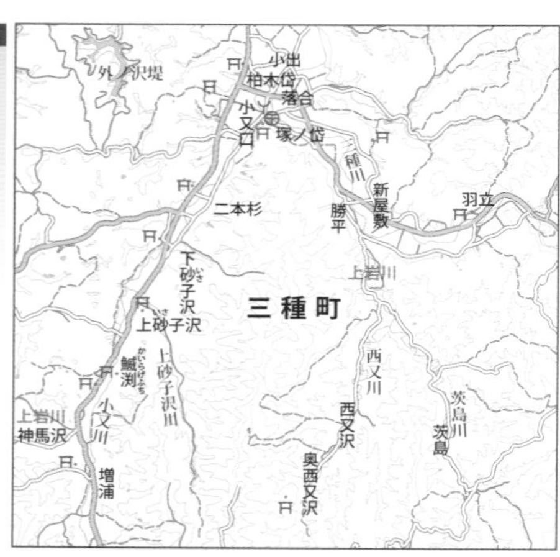

勝平・新屋敷集落から上流を望む

地区のあらまし

この地区は三種川の上流域に位置し、旧自治体の上岩川村であり、旧上岩川小学校の学区（中学校は昭和40年閉校）である。大又川、小又川の二つの流れに沿って細長く平地が開けている。入通・増浦・神馬沢・鰄渕・上砂子沢・下砂子沢・二本杉・小又口・小出・落合・塚ノ岱・勝平・新屋敷・羽立・小新沢などの集落が点在している。最上流部には西又・茨島・滝ノ上の小集落があったが、昭和46年に鹿渡などに移転した。地区には県道37号（琴丘上小阿仁線）、同4号（能代五城目線）が通っており、交通の便は悪くないが、人口減少にブレーキが掛からない状況である。『角川地名大辞典・秋田県』に「昭和50年時は376世帯・1556人」とあるので、平成に入ってさらに減少が進んでいる。2階建て鉄筋コンクリート造りの小学校々舎がそっくり残っている。元参議院議員の山崎五郎氏（1913～76）は、増浦の生まれである。

上岩川小学校メモ

開校　明治10年（1877）

閉校　平成21年（2009）

最盛時の児童数　473人

現在の地区児童数　0人

閉校碑・跡地碑　あり

校歌（一節）

三種河畔に巍峨として
建てる我らの学び舎は
房住山の峰ならで
仰ぐも檐の影高し

35 下岩川（しもいわかわ）

三種町下岩川

DATA

※令和元年末データ

●世帯数　448世帯

●人　口　1047人

●地区にある学校

下岩川小学校

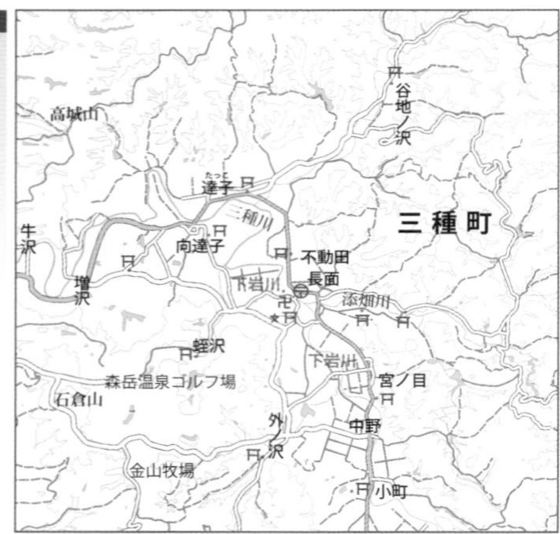

小町集落から下流を望む

地区のあらまし

この地区は三種川の中流域に位置し、旧自治体の下岩川村であり、下岩川小学校の学区（中学校は昭和50年閉校）である。地区内を県道4号（能代五城目線）が走り、三種川流域に田んぼが広がる純農村地帯で、増沢・蛭沢・向達子(むかいたっこ)・達子・谷地ノ沢・不動田・長面(ながおもて)・外ノ沢・宮ノ目・中野・小町などの集落がある。小町から上流は前項の上岩川地区になる。山手にあった萱落(かやおとし)、卯ノ沢、田屋の集落は昭和47～53年に無人になった。『角川地名大辞典・秋田県』に「昭和50年時は537世帯・2596人」とあるので、さらに減少が進んでいる。地形に恵まれ条件の良い土地なのに過疎化が進行していることは残念である。何をどうすればよいのだろうか。下岩川小学校は現在開校中であるが、児童数23人となり、令和4年に向けて森岳小学校との統合が検討されている。

舞踏詩人の石井漠(ばく)氏（1888～1962）は長面の生まれで、生家跡に記念碑が建っている。

下岩川小学校メモ

開校　明治9年（1876）
現在開校中
最盛時の児童数　545人
現在の地区児童数　23人
閉校碑・跡地碑
百周年記念碑あり

校歌（一節）

麗らか明けし四方の山
下岩川の天地かな
花発しては鳥うたい
平和の霞たなびきて
中央に立ちたるわが校舎
歴史は永く光あり

36 坊中（ぼうちゅう）

藤里町藤琴

DATA

※令和元年末データ

- ●世帯数　86世帯
- ●人　口　191人
- ●地区にあった学校
  坊中小学校

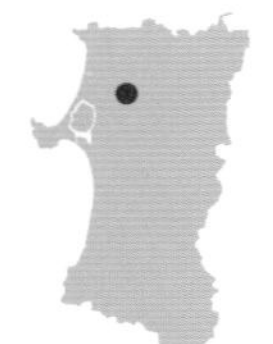

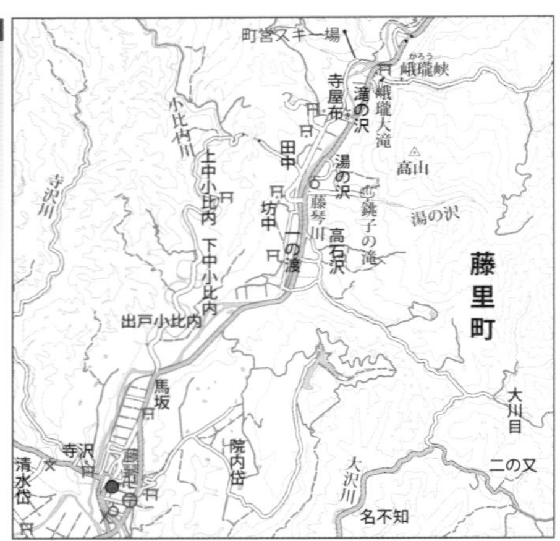

坊中小跡（左）と白神山地森のえき（右）を望む

地区のあらまし

米代川の支流藤琴川をさかのぼった所にある藤里町は、昭和30年に藤琴村と粕毛(かすげ)村が合併して誕生した。藤琴の"藤"と素波里峡の"里"をとって町名にしたとされる。町役場のある藤琴を抜け、県道317号(西目屋二ツ井線)を北方に進むと一の渡集落がある。ここから旧坊中小学校の学区になる。藤琴川に沿って田んぼが広がり。高石沢・坊中・湯の沢・寺屋布(てらやしき)・田中・滝の沢などの集落が続いている。湯の沢には「湯の沢温泉」「歴史民俗資料館」「白神山地森のえき」「銚子の滝」、田中には「田中の大イチョウ」、滝の沢には「峨瓏(がろう)の滝」がある。

小学校は藤琴川の橋を渡った袂(たもと)にあった。校舎と広いグラウンドが残っており、一角に閉校記念碑が造られている。小比内(こびない)トンネルを抜けた小比内川の上流には奥小比内集落(最盛時22戸)があり、坊中小学校奥小比内分校があったが、昭和48年に集団移転し分校も閉じられた。

坊中小学校メモ

開校	明治10年(1877)〈昭和37年に独立校〉
閉校	平成12年(2000)
最盛時の児童数	141人
現在の地区児童数	3人
閉校碑・跡地碑	あり

校歌(一節)

名も湯の沢の湯のように
つなぐ手の輪もあたたかく
歴史も長い大いちょう
ささえて耐えて根のように
みんな進もう力あわせて

金沢（かねざわ）

藤里町藤琴

DATA
※令和元年末データ

●世帯数　27世帯
●人　口　56人

●地区にあった学校
金沢小学校

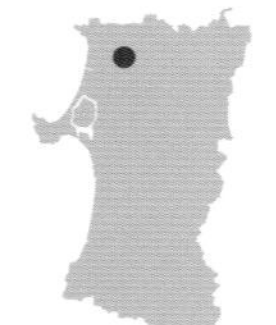

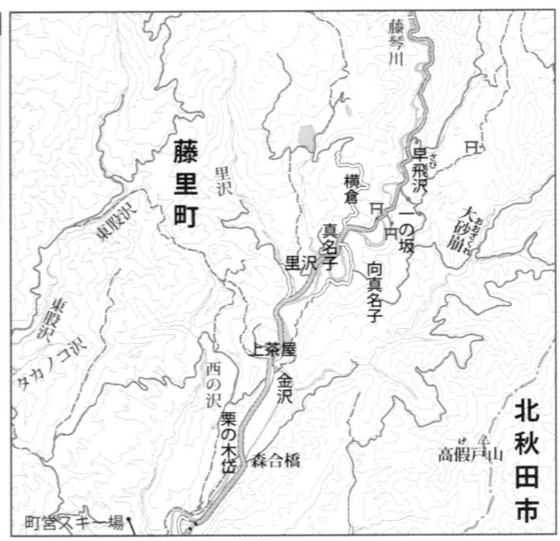

金沢集落の入り口

地区のあらまし

この地区は米代川の支流藤琴川の上流域に位置し、旧金沢小学校（中学校併設、昭和45年閉校）の学区である。町役場のある藤琴から県道317号（西目屋二ツ井線）を進むと、前項の坊中地区があり、「十六貫トンネル」を通り抜けると金沢地区である。手前に金沢、上茶屋の集落があり、2kmほど上流に真名子（まなご）、向真名子、一の坂があるが、この3集落は深刻な状態になっている。最盛時11世帯あった真名子は3世帯・8人、最盛時27世帯の向真名子は1世帯・1人、最盛時11世帯の一の坂は1世帯・2人である。ほかに水無（みずなし）、横倉、早飛沢（さびさわ）、里沢などの小集落があったが無人になった。上流の太良（だいら）鉱山にあった金沢小学校太良分校は、昭和36年鉱山の閉山により閉校した。金沢小跡には「白神山地いやしの宿・清流荘」が建設されている。一角に「1983年埋設・2033年開封」のタイムカプセルがある。はたして13年後は……

金沢小学校メモ

開校	明治10年（1877）
閉校	昭和58年（1983）
最盛時の児童数	165人
現在の地区児童数	1人
閉校碑・跡地碑	あり

校歌（一節）

谷川のせせらぎ清く
金沢の里ひらけて友をよび
友をいたわり肩くんで
われら進まんなごやかに
学びの庭に育つもの
ああわれら金沢小学校

米田（よねた）

藤里町粕毛

DATA

※令和元年末データ

- ●世帯数　145世帯
- ●人　口　389人
- ●地区にあった学校
  米田小学校

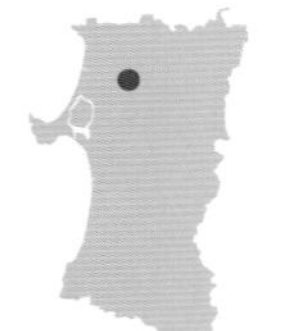

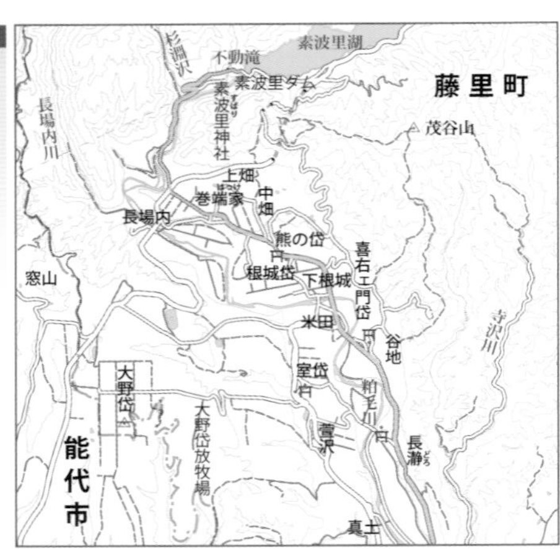

米田小跡を望む

地区のあらまし

この地区は米代川の支流粕毛川の中流域に位置し、旧米田小学校（中学校もあり昭和44年閉校）の学区である。粕毛川に沿って平地が開け、萱沢・室岱・長瀞（ながとろ）・谷地・米田・下根城（しもねじょう）・喜右エ門岱・根城岱・熊の岱・中畑・巻端家（まきはっけ）などの集落が散在している。上流域に素波里（すばり）ダム（素波里湖）がある。地区には、米田小学校大開分校と同大野岱分校の二つの分校があった。大開分校は素波里ダム建設により昭和40年に、大野岱分校は昭和47年に閉校した。

米田小学校跡には、「米田交流会館・すばり」が建っている。一画に毎年行われる伝統行事「根城相撲」の土俵と「相撲部屋」の建物が造られている。

江戸後期の紀行家・菅江真澄は、享和2年（1802）にこの地を訪れ、素波里峡を旅し長場内（おさばない）（平成24年無人）に一泊したこと、根城岱には城跡の面影が残っていることなどを『しげき山本』に記している。

米田小学校メモ	
開校	明治9年（1876）
閉校	平成12年（2000）
最盛時の児童数	288人
現在の地区児童数	8人
閉校碑・跡地碑	あり

校 歌（一節）

流れしずけき粕毛川
素波里のせとや滝の音
遠きのぞみをいだきつつ
水にはつきぬ光あり

五里合（いりあい）

男鹿市五里合

DATA

※令和元年末データ

●世帯数　607世帯
●人　口　1382人

●地区にあった学校
五里合小学校

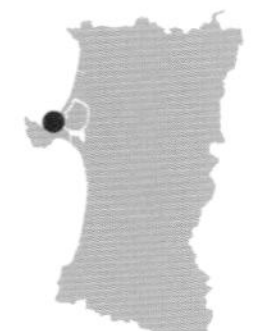

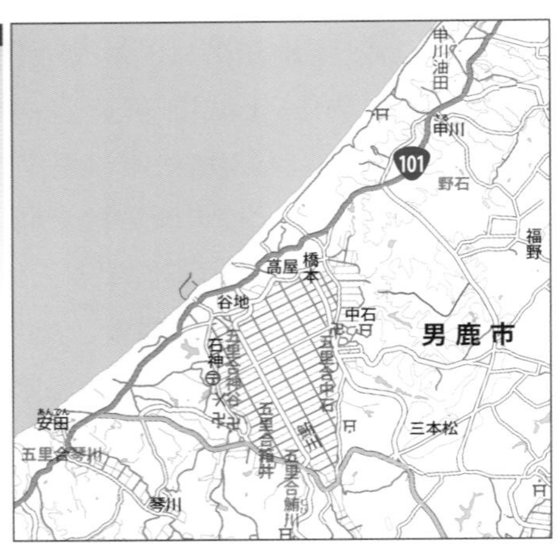

田んぼが広がる五里合地区（遠方が本山、真山）

地区のあらまし

この地区は寒風山の北方に位置し、旧自治体の五里合村であり、旧五里合小学校（中学校もあり平成13年閉校）の学区である。五里合神谷（かみや）、同琴川、同鮪川（しびかわ）、同中石（ちゅういし）、同箱井の大字があり、五つの里が集まった村ということで五里合の名前になったとされる。300haほどの田んぼが楕円状に広がり、周囲に集落が並んでいる。このような光景は秋田県では珍しい。日本海岸には五里合漁港、五里合海水浴場があり、鮪川には「滝の頭湧水」がある。そして東方は畑地と山林があり、田んぼ、果樹、林業、漁業とこの上ないほど恵まれた土地である。だが、昭和30年の合併時に4356人を数えた人口は、昭和50年時3220人（『角川地名大辞典・秋田県』）、そして現在は1382人と減少をたどっている。何をどうすれば解決するのだろうか。

小学校は神谷地区にあり、市役所出張所及び公民館になっている。箱井にあった中学校は校舎が残っている。

五里合小学校メモ

開校　明治8年（1875）

閉校　平成26年（2014）

最盛時の児童数　771人

現在の地区児童数　19人

閉校碑・跡地碑　あり

校歌（一節）

滝のがしらの水のごと
つきぬわれらの力もて
校のしるしのすずらんの
かぐわしき名を世にあげん

男鹿中（おがなか）

男鹿市男鹿中

DATA

※令和元年末データ

- 世帯数　564世帯
- 人　口　1094人
- 地区にあった学校

　男鹿中小学校

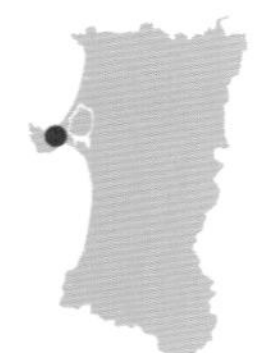

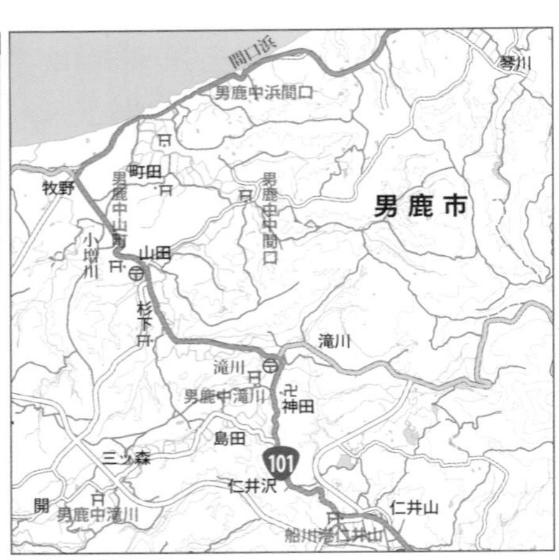

滝川集落を望む

地区のあらまし

この地区は名前のとおり男鹿半島のほぼ中央部に所在し、旧自治体の男鹿中村であり、旧男鹿中小学校の学区である。国道101号が地区内を通り、日本海に沿って三種町方向に延びている。男鹿中滝川、同中間口、同浜間口、同山町の四つの大字があり、浜間口・牧野・町田・中間口・山田・杉下・滝川・島田・三ツ森・開（ひらき）などの集落が散在している。開から本山方向に上って行くと、航空自衛隊の基地や滝川ダムがある。山田に市役所出張所・男鹿中公民館があり、その向かいの高台に小学校があったが、跡地は更地になっている。町田にあった中学校（平成13年閉校）は、体育館が土間に改修され、雨天や冬期間でも使用できるゲートボール場になっている。江戸後期の紀行家・菅江真澄は、文化7年（1810）8月27日にこの地で大地震に遭遇している。

『角川地名大辞典・秋田県』に「昭和50年時は677世帯・2693人」と記載されている。

男鹿中小学校メモ

開校　明治8年（1875）

閉校　平成17年（2005）

最盛時の児童数　637人

現在の地区児童数　11人

閉校碑・跡地碑　無し

校歌（一節）

男鹿半島のただ中に

三山仰ぎ見るところ

りんかんほこる学舎は

これぞ我等が男鹿中校

北磯（きた いそ）

男鹿市北浦西黒沢、入道崎

DATA

※令和元年末データ

- 世帯数　199世帯
- 人　口　360人
- 地区にあった学校
  北磯小学校

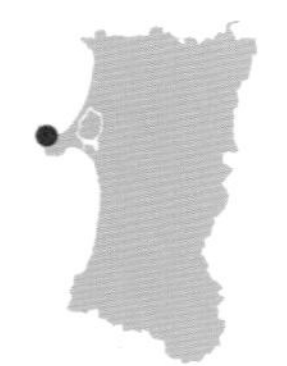

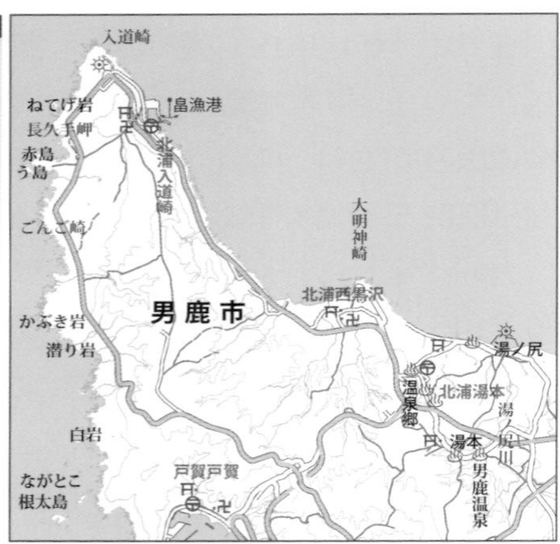

西黒沢漁港から北磯小跡（中央）を望む

地区のあらまし

この地区は、北浦から入道崎に向かう県道55号（入道崎寒風山線）沿いに所在し、旧北磯小学校の学区である。一帯は日本海に面し、西黒沢・平沢・北磯・入道崎などの集落が海岸沿いにあり、漁業が主体である。入道崎には灯台、みやげ店などが並び観光地になっている。北磯に小学校と中学校（平成2年閉校）があった。小・中の校舎は一部三階建て鉄筋コンクリート造りで、日本海を望むように残っている。グランドは荒れ地になっている。

江戸後期の紀行家・菅江真澄は、文化7年（1810）にこの地を訪れている。北平沢の小浜という砂浜で迦羅真砂子（きゃらまさご）（杉の珪化木）を見たこと、畠崎（入道崎）には南無法蓮華経と刻んだ高さ七尺ばかりのかなり古い石碑が立っていたことを『男鹿の鈴風』に記している。

『角川地名大辞典・秋田県』に「昭和50年時は345世帯・1347人」とあるので、減少がさらに進んでいる。

北磯小学校メモ

開校　明治11年（1878）

閉校　平成13年（2001）

最盛時の児童数　340人

現在の地区児童数　2人

閉校碑・跡地碑　あり

校歌（一節）

景勝あふるる男鹿半島

山と海との幸うけて

日々にのびゆくまなびやは

これぞわれらが北磯校

安全寺（あんぜんじ）

男鹿市北浦安全寺

DATA

※令和元年末データ

- 世帯数　77世帯
- 人　口　139人
- 地区にあった学校

　安全寺小学校

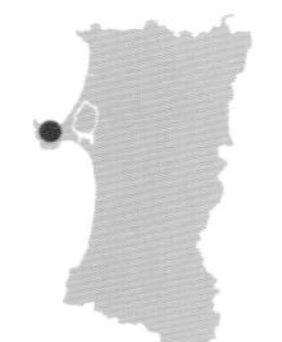

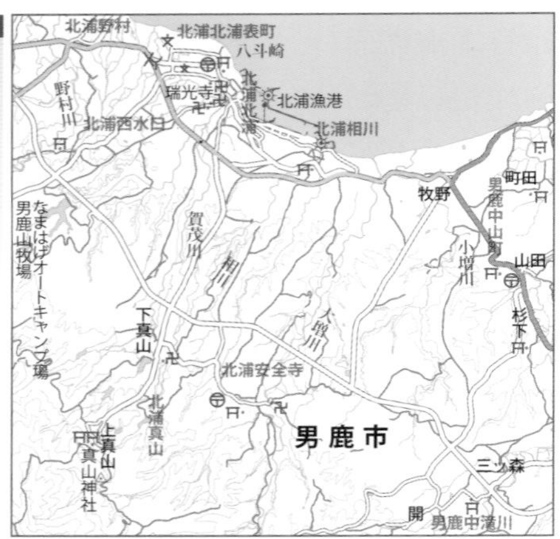

なまはげ大橋から安全寺集落を望む

地区のあらまし

男鹿半島のほぼ真ん中に所在し、安全寺小学校の学区である。山間に開けた盆地で、集落はほぼ一カ所にまとまっており、郵便局や商店がある。道路は市道でバス路線になっているが、幅員がなくカーブも多いので、平成年代に開通した“なまはげライン”からの通行が便利である。学校跡にはこぢんまりとした安全寺公民館が建てられ、沿革と校歌を刻んだ碑が建っている。

江戸後期の紀行家・菅江真澄は男鹿に多く訪れ、『男鹿の秋風』『男鹿の春風』『男鹿の鈴風』『男鹿の島風』『男鹿の寒風』などを著している。安全寺にも文化7年（1810）10月に足を運び、真壁家に宿をとっている。「ここにむかし安善寺という天台宗の寺があったといわれ、古い五倫石が、ところどころに転がっている」と『男鹿の寒風』に記している。

『角川地名大辞典・秋田県』に「昭和50年時は126世帯・515人」とあるので、減少がさらに進んでいる。

安全寺小学校メモ

開校　明治10年（1877）

閉校　昭和62年（1987）

最盛時の児童数　140人

現在の地区児童数　2人

閉校碑・跡地碑　あり

校 歌（一節）

緑にもゆる真山をあおぎ

輝く歴史うけつぎて

つとめはげまんもろともに

学びやわれら安全寺

43 戸賀（とが）

男鹿市戸賀

DATA

※令和元年末データ

- 世帯数　175世帯
- 人　口　303人
- 地区にあった学校

戸賀小学校

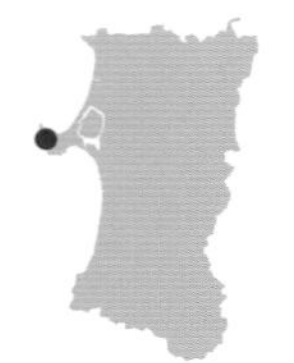

二ノ目橋から戸賀集落を望む

地区のあらまし

この地区は戸賀湾に面した海岸沿いに所在し、旧戸賀小学校の学区である。男鹿温泉郷付近から県道59号（男鹿半島線）を進み、トンネルを抜けると戸賀地区になり、戸賀湾に沿って戸賀・浜塩谷・浜中・塩浜・塩戸などの集落が半円状に並んでいる。戸賀は一番戸数が多く寺院、戸賀漁港がある。浜中に公民館、戸賀海水浴場と民宿があり、塩戸に男鹿水族館ＧＡＯと戸賀温泉がある。耕地はごく少なく、漁業と観光が主体である。小学校と中学校（平成2年閉校）は浜塩谷にあった。小・中とも校舎は姿を消し、跡地碑が造られている。『角川地名大辞典・秋田県』に「昭和50年時は254世帯・1013人」とあり、減少がさらに進んでいる。

享和2年（1802）に、日本地図作成のため伊能忠敬の測量隊が戸賀に宿泊している。私はこの調査に訪れ、初めて見る戸賀のレトロな家並みにうっとりした思い出がある。

戸賀小学校メモ

開校　明治10年（1877）

閉校　平成13年（2001）

最盛時の児童数　187人

現在の地区児童数　0人

閉校碑・跡地碑　あり

校歌（一節）

戸賀の入江をいろどりて

大和なでしこさきにおう

学びのにわにひるがえる

み旗のひかり尊しや

加茂青砂（かもあおさ）

男鹿市加茂青砂

DATA

※令和元年末データ

●世帯数　63世帯

●人　口　103人

●地区にあった学校

加茂青砂小学校

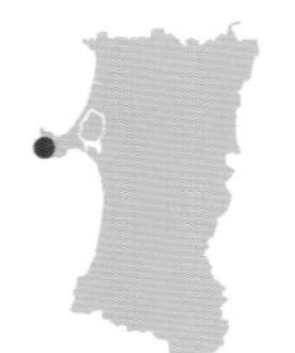

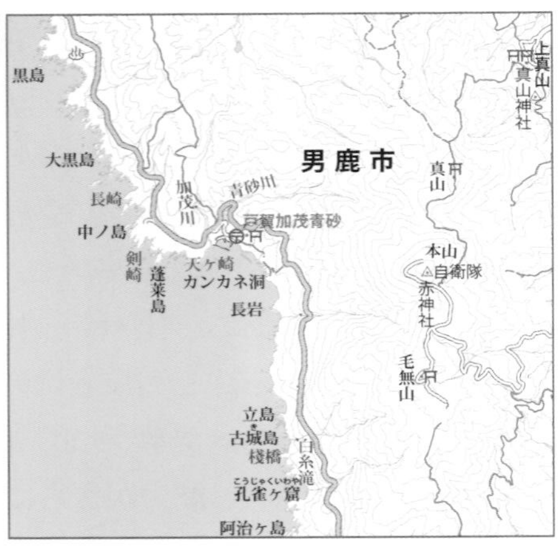

県道から加茂青砂集落を望む

地区のあらまし

この地区は男鹿半島西岸の海辺に位置し、旧加茂青砂小学校の学区である。男鹿水族館ＧＡＯから県道59号（男鹿半島線）を4kmほど南下すると下方に加茂青砂集落が見えてくる。市道に分岐して坂を下りると海辺に家々が並んでいる。天ヶ崎とカンカネ洞に挟まれ湾状の地形になっている。背面は山地で耕地が少なく、漁業が主体で加茂漁港がある。小学校には中学校が併設（昭和55年戸賀中に統合）されていた。木造の校舎が残り国指定登録有形文化財になっている。近くに、昭和58年の日本海中部地震で犠牲になった合川南小学校児童の慰霊碑が建っている。

江戸後期の紀行家・菅江真澄は、文化7年（1810）のお盆にこの地を訪れ、加茂と青砂の男女が地蔵堂の前に群れ集まり盆踊りが行われたことを『男鹿の島風』に記している。

『角川地名大辞典・秋田県』に「昭和50年時は87世帯・348人とあり、減少がさらに進んでいる。

加茂青砂小学校メモ

開校	明治9年（1876）
閉校	平成13年（2001）
最盛時の児童数	84人
現在の地区児童数	0人
閉校碑・跡地碑	あり

校 歌（一節）

あかるい光波にさく
いそのながめのわが里よ
胸にほのぼの海の風
はぐくむところまなびやの
窓からはるかのぞみわく
ああ美しい男鹿の海

馬場目（ばばめ）

五城目町馬場目

DATA
※令和元年末データ

●世帯数　282世帯
●人　口　684人

●地区にあった学校
馬場目小学校

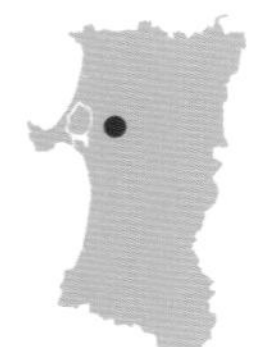

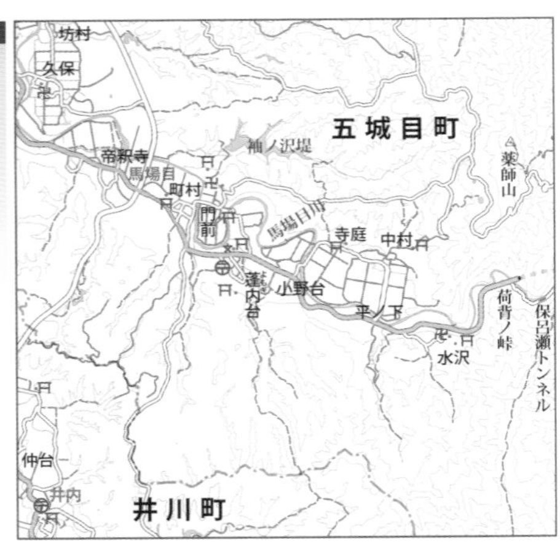

県道から寺庭、中村集落を望む

地区のあらまし

この地区は馬場目川の中流域に位置し、旧馬場目小学校の学区である。次項の杉沢地区と合せて旧自治体は馬場目村であった。馬場目川沿いに田んぼが開け、帝釈寺(たいしゃくじ)・町村(まちむら)・門前・蓬内台(よもぎないだい)・小野台・平ノ下・寺庭・中村・水沢などの集落が並ぶ純農村である。門前は広徳寺の門前、町村は馬場目城の市場があったことに由来するという。この馬場目城は門前の北方の山地にあり、戦国時代に馬場目玄蕃(げんば)の居城であったが、安東家の戦いに敗れ、その後、安東五郎季宗が入ったとされる。地区内を県道15号(秋田八郎潟線)が通っている。小学校、中学校(昭和44年閉校)は蓬内台にあった。五城目杉を使ったモダンな小学校の木造校舎は、五城目町地域活性化支援センターとして活用されている。沿革と校歌碑を刻んだ碑が建っている。

『角川地名大辞典・秋田県』に「昭和50年時は496世帯・2330人(杉沢地区を含む)」と記載されている。

馬場目小学校メモ

開校	明治8年(1875)
閉校	平成25年(2013)
最盛時の児童数	400人
現在の地区児童数	22人
閉校碑・跡地碑	あり

校歌(一節)

若鮎おどる清らな川が
うつした岸の眺めをぬうて
村をひとつに結んでいる
汲めどもつきぬ友情こめて
きょうも楽しく学ぼうよ
ああ馬場目わが小学校

杉沢（すぎさわ）

五城目町馬場目

DATA

※令和元年末データ

●世帯数　89世帯
●人　口　188人

●地区にあった学校
杉沢小学校

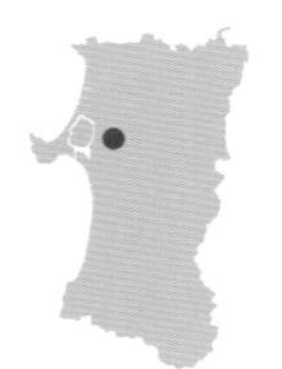

小学校跡から杉沢集落を望む

地区のあらまし

この地区は前項の馬場目地区の上流域に位置し、杉沢小学校の学区である。馬場目川と並行して延びる県道15号（秋田八郎潟線）を進み、保呂瀬トンネルを抜けると当地区になる。昭和年代は峡谷沿いの狭い道路で、車の交差ができないほどであったが、現在の道路が開通し辺地のイメージが解消された。恋地（こいち）・坊井地（ぼういち）・杉沢の集落のほか、上流には落合・北ノ又・蛇喰（じゃばみ）の3集落（通称合地集落、最盛時26世帯）があったが、現在は3世帯11人になっている。蛇喰には休憩施設「盆城庵」、農家レストラン「清流の森」、北ノ又には釣りキチ三平のロケとなった「三平の家」がある。杉沢に小学校と中学校（平成15年閉校）があった。どちらも校舎が残っており、杉沢交流センター「友愛館」として衣替えし、町内から集められた歴史民俗資料や舘岡栗山（たておかりつざん）の絵を展示するとともに、地域おこしの体験やイベントなどにも活用されている。

杉沢小学校メモ

開校	明治18年（1885）
閉校	平成18年（2006）
最盛時の児童数	209人
現在の地区児童数	6人
閉校碑・跡地碑	あり

校歌（一節）

馬場目岳の山ふところに
そびえ立つ
学びの舎はわが母校
杉の芽立ちのすくすくと
のびるがごとくすこやかに
大空高くのびてゆく
杉沢　杉沢小学校

中津又（なかつまた）

五城目町富津内中津又

DATA

※令和元年末データ

●世帯数　115世帯

●人　口　227人

●地区にあった学校

富津内小学校

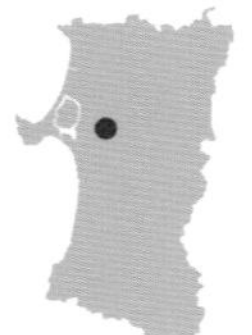

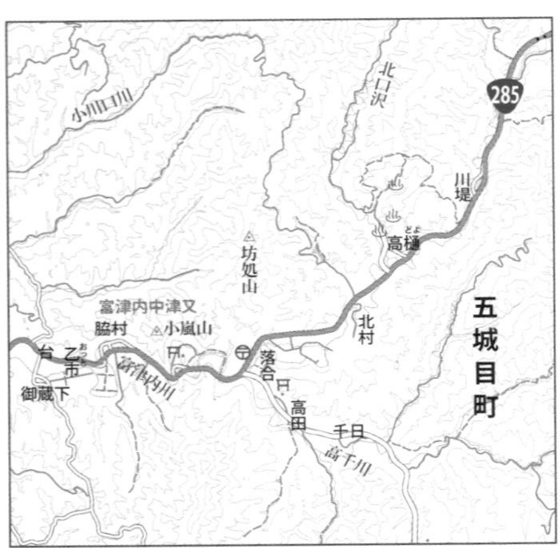

国道から脇村集落を望む

地区のあらまし

この地区は馬場目川の支流富津内(ふつない)川の上流域に位置し、旧富津内小学校の学区で、大字が中津又である。五城目役場から国道285号を上小阿仁村方向に進むと、学区の乙市(おっといち)・脇村・落合・高田・千日・北村・高樋(たかどよ)の集落が散在している。高樋の上流にあった川堤(かわつつみ)は平成14年に、北方の北口沢にあった下北口と上北口は昭和40年代に無人になった。落合に郵便局、高樋に宿泊施設「赤倉山荘」がある。富津内小学校は落合にあり、中学校が併設(昭和62年閉校)されていた。旧富津内村には当地区の東小学校と山内地区に西小学校があったが、西小が昭和43年に閉校したため、東小は富津内小学校と改称された。閉校後、富津内保育所として使用されたが、建物はすべて解体され、現在は跡地一帯にソーラーパネルが設置されている。

『角川地名大辞典・秋田県』に「昭和50年時は226世帯・1077人」と記載されている。

富津内小学校メモ

開校	明治9年(1876)
閉校	平成15年(2003)
最盛時の児童数	234人
現在の地区児童数	3人
閉校碑・跡地碑	あり

校歌(一節)

薬師小嵐 富津内川に
天地の幸の恵みは深く
希望と夢の行く手をのぞみ
理想の道をいざ進もうよ
我等が学びや富津内小学校

内川（うちかわ）

五城目町内川

DATA

※令和元年末データ

- 世帯数　244世帯
- 人　口　555人
- 地区にあった学校
  内川小学校

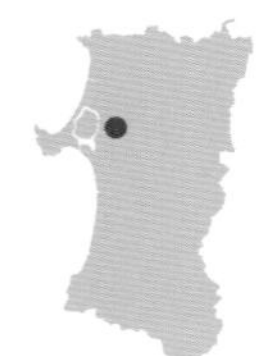

県道から湯ノ又集落を望む

地区のあらまし

この地区は馬場目川の支流内川川の中流域に位置し、旧自治体の内川村であり、内川小学校の学区である。国道285号の大手交差点から県道4号（能代五城目線）に分岐すると、すぐ当地区になる。内川川に沿って黒土・湯ノ又・湯ノ越・浅見内の集落があり、黒土の東方向には小倉集落がある。県道は三種町上岩川（92ページ）方向に通じている。湯ノ又に総合生きがいセンター、湯ノ越に湯ノ越温泉がある。小倉にあった小倉温泉は現在国道沿いに移転している。浅見内の上流には滝ノ下と大場の集落があったが、昭和46年に集団移転した。湯ノ越に小学校、湯ノ又に中学校（昭和42年に閉校）があった。中学校が閉校した後、小学校がこの校舎に移った。総合生きがいセンターの上方に体育館とグラウンドが残っている。

『角川地名大辞典・秋田県』に「昭和50年時は352世帯・1494人」と記されており、減少がさらに進んでいる。

内川小学校メモ

開校	明治8年（1875）
閉校	平成22年（2010）
最盛時の児童数	390人
現在の地区児童数	4人
閉校碑・跡地碑	あり

校 歌（一節）

内川きよらさざめいて
光る真玉の汗を呼ぶ
わたしらぼくらの
さけびならさけびなら
みのる里々みどり風
声たからかにまなぶ道

藤倉（ふじくら）・仁別（にべつ）

秋田市山内、仁別

DATA

※令和元年末データ

- 世帯数　103世帯
- 人　口　362人
- 地区にあった学校
  藤倉小学校

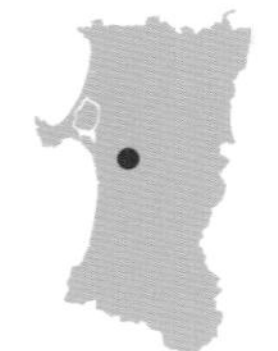

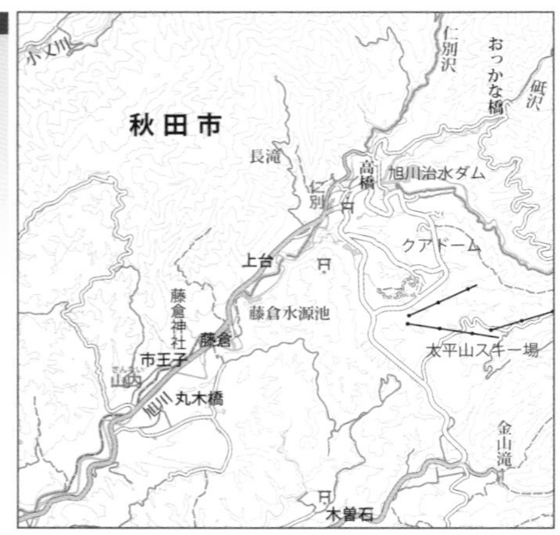

藤倉集落から上流を望む

地区のあらまし

この地区は雄物川の支流旭川の上流域に位置し、旧藤倉小学校の学区である。県道15号（秋田八郎潟線）を仁別国民の森方向に進むと松原地区があり、ここから谷間が狭くなり2kmほどさかのぼると当地区に至る。藤倉・丸木橋・仁別の3集落がある。藤倉には「藤倉神社」、かつて秋田市の上水道貯水池の「藤倉水源地」（県重要文化財）がある。丸木橋は戦後の入植地で一帯は高台になっている。入り口に「三愛会・秋田東病院」がある。仁別は一大行楽地になっており、「太平山スキー場オーパス」「太平山リゾート公園」「クアドーム ザ・ブーン」などの諸施設や「旭川ダム」がある。小学校は藤倉と仁別の中間にあり、秋田東中学校の分校が併設（同時閉校）されていた。跡地には「杉の木園」（福祉施設）が建てられている。藤倉地区会館に校歌が保存されている。

平成27年時は、藤倉29世帯・70人、丸木橋23世帯・171人、仁別51世帯・121人となっている。

藤倉小学校メモ

開校	明治18年（1885）
閉校	昭和50年（1975）
最盛時の児童数	120人
現在の地区児童数	3人
閉校碑・跡地碑	無し

校歌（一節）

旭川原のせせらぎに
なくやかじかの声はすみ
みなもと遠くきよき水
われらはここに生まれたり
野べの子馬を友として

岩見（いわみ）

秋田市河辺岩見

DATA

※令和元年末データ

- 世帯数　94世帯
- 人　口　―人
- 地区にあった学校
  岩見小学校

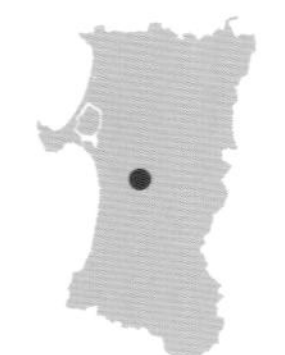

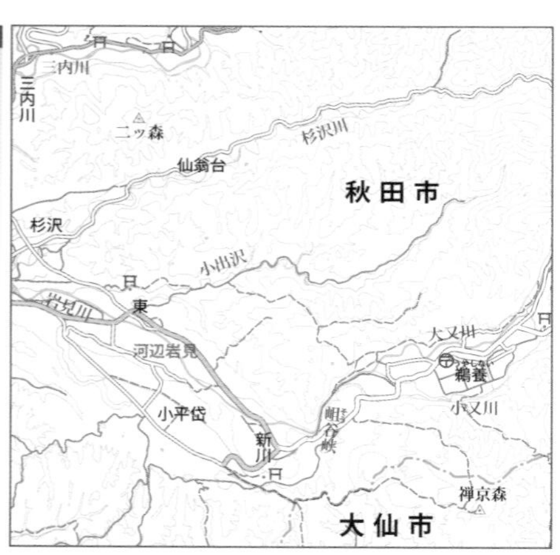

へそ公園の頂上から鵜養集落を望む

地区のあらまし

この地区は雄物川の支流岩見川の上流域に位置し、旧岩見小学校の学区である。岩見小学校は、岩見地区（大字岩見）全体が学区ではなく、小平岱（こひらたい）・新川（にいかわ）・鵜養（うやしない）の3集落が通学した。新川に景勝地「岨谷峡（そうやきょう）」と秋田県の中心地としてＰＲしている「へそ公園」がある。鵜養に郵便局、伏伸（ふのし）の滝があり、民家の敷地には市指定文化財のモミの大木が生えている。小平岱はもと山林であったが、秋田藩士白土氏が開墾して明治15年（1882）に多くの士族が入植したとされる。小学校は岨谷峡の入り口にあった。跡地は山林となり、草木の中に跡地碑だけが残っている。県道28号（秋田岩見船岡線）は小平岱で途切れ、未開通であるが、これとは別に鵜養に通ずる市道が遅沢トンネルを通り、船岡庄内まで延びている。また、北方の田沢スーパー林道は仙北市上桧木内に通じている。現在の世帯数は、新川15、小平岱29、鵜養50世帯である。

岩見小学校メモ

開校	明治8年（1875）
閉校	昭和61年（1986）
最盛時の児童数	174人
現在の地区児童数	1人
閉校碑・跡地碑	あり

校歌（一節）

みどりのおくの繁みより
清い流れの岨谷峡
われらの心澄む庭に
明るく日々の智恵みがき
文化の光世にあげる
楽しい楽しい岩見小学校

中の沢（なかさわ）

秋田市雄和萱ヶ沢

DATA
※令和元年末データ

- 世帯数　21世帯
- 人　口　一人

- 地区にあった学校

中の沢小学校

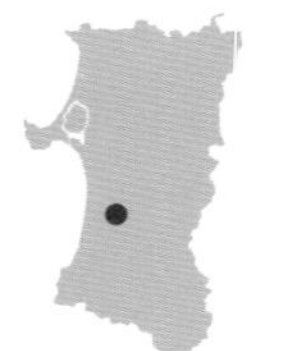

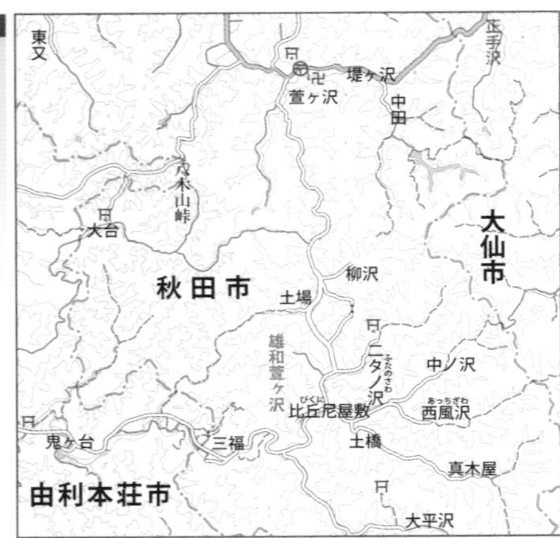

地区の中心・比丘尼屋敷集落

地区のあらまし

この地区は子吉川の支流芋川流域の小関川沿いに所在し、旧中の沢小学校の学区である。地形的には由利本荘市(大内地区)である。県道10号(本荘西仙北角館線)を萱ケ沢(かやがさわ)地区から南の市道に分岐し、坂道が続く道路を4kmほど進むと当地区に至る。柳沢・土場・二タノ沢・比丘尼屋敷(びくにやしき)・土橋・西風沢(あちさわ)・真木屋・大平沢・三福(さんぷく)などの小集落が広く点在している。70代の人の話によると最盛時には50世帯あったという。小学校は土橋にあり、冬期間は大正寺中学校の冬季分校が併設された。体育館が残り、校舎跡には中の沢会館が建っている。道路は、三福から由利本荘市中俣地区に、大平沢からは同新田地区に通じており、交通網が整っている。地区には中の沢番楽が伝承されている。

『地名譚(たん)』(ぬめひろし著)に、「むかしから陸の孤島といわれた中ノ沢部落にある西風沢は"あち沢"と呼び、面白い地名の一つである」との記載がある。

中の沢小学校メモ

開校　明治8年(1875)

閉校　昭和54年(1979)

最盛時の児童数　79人

現在の地区児童数　0人

閉校碑・跡地碑　あり

校歌(一節)

わが先賢の拓きしところ
泉のほとり住む子らは
中の沢よと故郷を
めでて育む健気なつどい

赤田（あかた）

由利本荘市北内越

DATA

※令和元年末データ

- ●世帯数　108世帯
- ●人　口　296人

●地区にあった学校

北内越小学校赤田分校

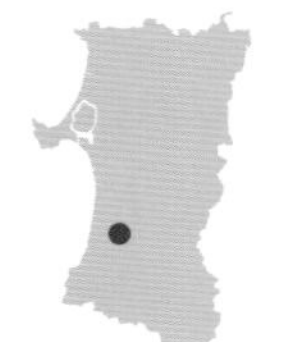

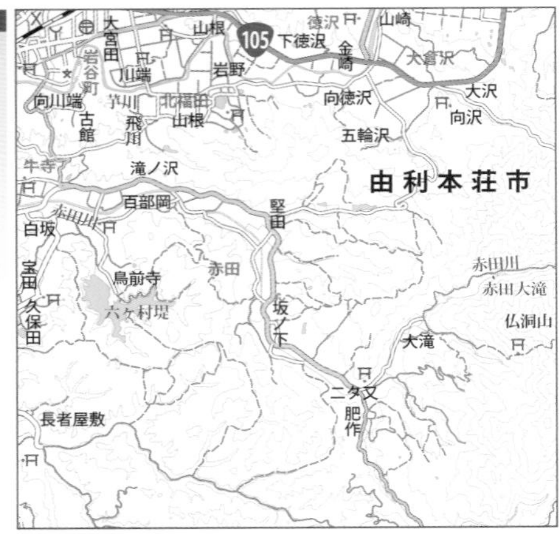

分校跡から下流を望む

地区のあらまし

この地区は子吉川の支流芋川流域の赤田川沿いに所在し、旧北内越(きたうてつ)小学校赤田分校の学区である。国道105号を黒瀬付近から分岐し、ＪＲ羽越本線を横切って進むと赤田の大仏で知られる滝ノ沢集落に至る。ここから赤田川に並行して延びる県道69号（本荘岩城線）を進むと分校の学区になり、堅田(かただ)・藤四郎沢(とうしろうざわ)・坂ノ下・坂巻・二タ又・大滝・肥作(こえさく)と小集落が3kmにわたって点在している。赤田川は黒森山、東光山、笹森山など500mを超える山々を源としているので、水量が豊富で上流には「赤田大滝」がある。分校は坂ノ下にあり、私が『秋田・消えた分校の記録』の調査で訪れた時は地区のコミュニティ広場になってゲートボールなどに利用されていたが、現在は水田になり往時の面影は残っていない。

『角川地名大辞典・秋田県』に「昭和50年時の世帯数は127・人口606人」と記録されている。

赤田分校メモ

開校　昭和2年（1927）
閉校　昭和43年（1968）
最盛時の児童数　65人
（4年生まで在籍）
現在の地区児童数　0人
閉校碑・跡地碑　無し

校歌（一節）

赤田川きよらかに
大空うかべ水光り
ひろびろつづく稲田のみのり
あすのふるさとこの肩に
きょうもたのしく学びつつ
（本校の北内越小校歌）

金山（かねやま）

由利本荘市金山

DATA

※令和元年末データ

●世帯数　79世帯

●人　口　213人

●地区にあった学校

小友小学校金山分校

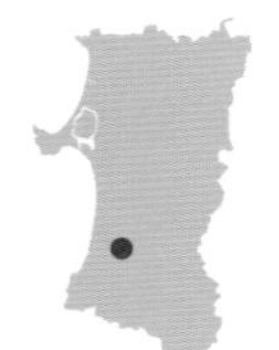

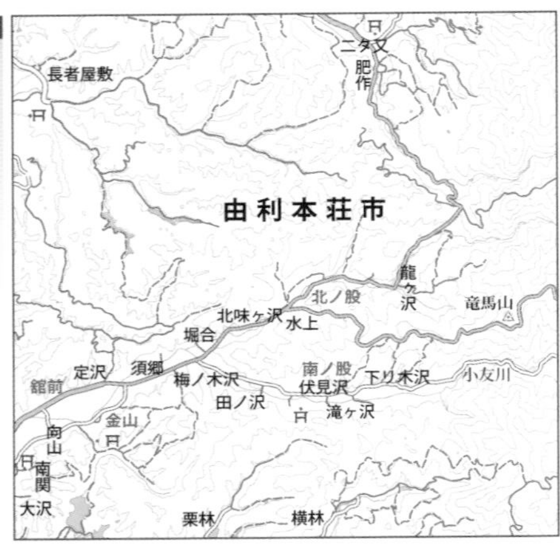

金山集落から上流を望む

地区のあらまし

この地区は子吉川の支流小友川の中流域に位置し、小友（おとも）小学校旧金山分校の学区である。国道107号の三条交差点を北方に分岐して県道49号（本荘大内線）に入ると、すぐ小友小学校がある。ここから3km近く進むと、分校の学区であった金山・南ノ股・北ノ股の集落がある。北ノ股からは前項の赤田地区に県道が延びている。南ノ股からは小友峠を越えて岩野目沢に通じている。上流に「八櫃（やびつ）の滝」があり、途中の駐車場から鬼倉山の登山道を30分ほどで至る。

分校は金山にあり3年生まで在籍した。私が『秋田・消えた分校の記録』の調査で訪れた時の瓦屋根の校舎は姿を消し、金山町内公民館が新築されている。

『角川地名大辞典・秋田県』に「昭和50年時は76世帯・372人」とあり、『秋田県の地名』（平凡社）には、「明治初年の戸数は70戸・人数408人・馬86頭」と記載されている。

金山分校メモ

開校　明治22年（1889）
閉校　昭和43年（1968）
最盛時の児童数　53人（3年生まで在籍）
現在の地区児童数　8人
閉校碑・跡地碑　あり

校歌（一節）

龍馬をくだる川風に
心とからだきたえつつ
四季とりどりの花さきそろう
学びのそのをつくろうよ
（本校の小友小校歌）

山内（やまうち）

由利本荘市山内

DATA

※令和元年末データ

●世帯数　24世帯
●人　口　56人

●地区にあった学校
石沢小学校山内分校

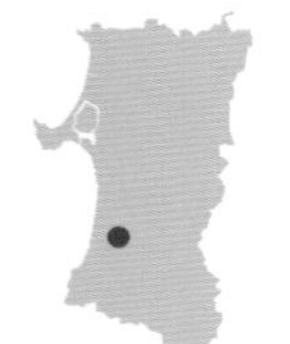

国道沿いにある山内集落

地区のあらまし

この地区は子吉川の支流石沢川の中流域に位置し、石沢小学校旧山内分校の学区である。石沢川と並行して走る国道107号を進むと、前項の小友小学校入り口の三条交差点があり、さらに5kmほど進むと本校の石沢小学校（令和3年3月で閉校）がある。ここから鳥田目（とりため）、大簗（おおやな）集落と進み、途中の石沢峡谷を抜けると当地区に至る。小盆地状になっており、国道沿いと川向いに家々が散在している。国道脇の高台にあった分校舎は平成20年代に解体されて荒れ地になっている。『角川地名大辞典・秋田県』に「昭和50年時は34世帯・163人」と記載されているので、人口減少が進んでいる。『秋田県の地名』（平凡社）には「明治初年の戸数25戸、人数150人、馬50頭」とあり「山間部の小村であった。本荘町の馬市へ馬を出し、炭8千750貫を生産し、薪炭兼業農家8戸あり、漁船6艘（そう）あって石沢川の漁業がかなり盛んであった」と記録されている。

山内分校メモ

開校	明治15年（1882）
閉校	昭和42年（1967）
最盛時の児童数	36人
現在の地区児童数	0人
閉校碑・跡地碑	無し

校歌（一節）

沃野を下る石沢の
清き流れにのぞみつつ
天そそりたつ鳥海を
この学びやの窓辺に
仰ぎてここに年ふりぬ
（本校の石沢小校歌）

高尾（たかお）

由利本荘市高尾、中帳、中俣

DATA

※令和元年末データ

- 世帯数　181世帯
- 人　口　526人

- 地区にあった学校
  高尾小学校

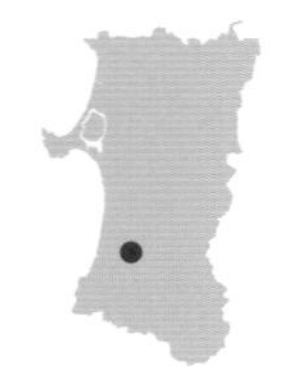

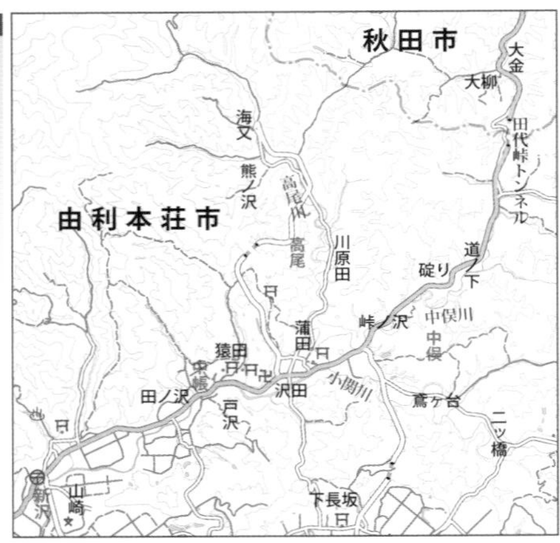

高尾集落を望む

地区のあらまし

この地区は子吉川の支流芋川流域の小関川沿いに所在し、旧高尾小学校の学区である。国道105号を徳沢三差路から県道9号（秋田雄和本荘線）に分岐し、秋田市雄和方向に進むと当地区に至る。中帳、高尾、中俣（なかまた）の大字があり、中帳には田ノ沢・戸沢・猿田。高尾には沢田・蒲田・高尾・熊ノ沢。中俣には峠ノ沢・碇（いか）リ・道ノ下・鳶ヶ台・二ツ橋・鬼ヶ台などの集落がある。沢田に曹洞宗の寺院があり、鬼ヶ台の上流には小規模ながら鬼ヶ台ダムがある。ダムを抜けて2kmほどさかのぼると51項の中の沢地区に至る。中俣に県指定天然記念物「堀切のイチョウ」がある。小学校跡は体育館が残り、地区のコミュニティ活動に使用している。

『秋田県の地名』（平凡社）に「明治2（1869）年の世帯数は117・人口700人」とあり、『角川地名大辞典・秋田県』には「昭和50年時は197世帯・人口951人」と記載されている。

高尾小学校メモ

開校	明治7年（1874）
閉校	昭和55年（1980）
最盛時の児童数	258人
現在の地区児童数	20人
閉校碑・跡地碑	無し

校歌（一節）

仰ぐ山々けだかくて
父も聞かれし鳥の歌
みんなの顔に幸のかげ
のぞみ雄々しくはげましあって
すすもう高尾小学校

滝（たき）

由利本荘市滝、小羽広

DATA

※令和元年末データ

● 世帯数　74世帯
● 人　口　194人

● 地区にあった学校
滝小学校

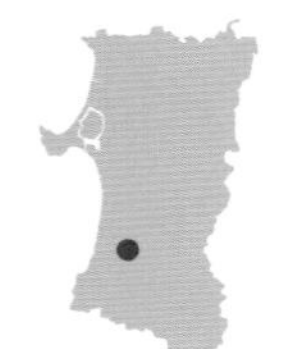

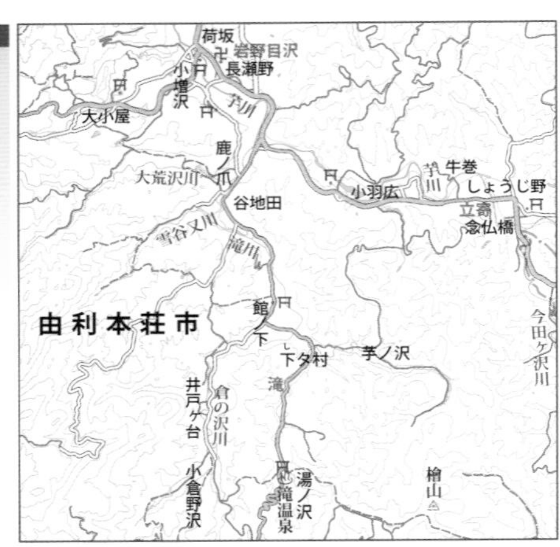

下夕村集落と近辺

地区のあらまし

この地区は子吉川の支流芋川の上流域に位置し、旧滝小学校の学区である。国道105号を新田交差点から県道29号（横手大森大内線）に分岐し、10kmほど進むと曲沢橋がある。ここから当地区になり、滝川に沿って、谷地田・館ノ下・下夕村・湯ノ沢・井戸ヶ台の集落が散在し、地区内を県道284号（楢渕横渡線）が東由利方向に延びている。小学校は館ノ下にあり、県道29号沿いの小羽広（こはびろ）集落（大字岩野目沢）からも通学した。跡地は更地になり往時の面影は残っていない。小羽広には「小羽広ダム」と「小羽広温泉」がある。湯ノ沢にあった名湯・滝温泉は現在休業中である。上流にあった芋野沢、小倉野沢は無人になっている。

『角川地名大辞典・秋田県』に「昭和50年時は73世帯・330人」と記載されている。民謡の佐々木兄弟（兄常雄氏は民謡日本一、弟の實氏は秋田県民謡協会理事長、民謡名人位）はこの地区の生まれである。

滝小学校メモ

開校	明治6年（1873）
閉校	昭和46年（1971）
最盛時の児童数	131人
現在の地区児童数	5人
閉校碑・跡地碑	無し

校歌（一節）

ぼくの学びや庭ひろく
わたしのひとみに幸のかげ
三十三の滝ににじかかり
明るくうれしくはげましあって
のびよみんなの滝小学校

57

羽広（はびろ）

由利本荘市羽広

DATA

※令和元年末データ

- 世帯数　58世帯
- 人　口　164人
- 地区にあった学校
  羽広小学校

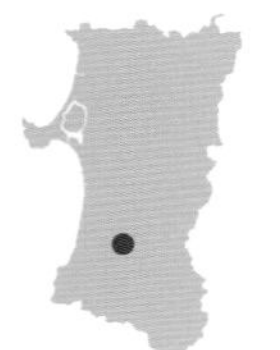

地区の入り口から保呂羽山を望む

地区のあらまし

この地区は子吉川の支流芋川の最上流部に位置し、旧羽広小学校の学区である。国道105号の新田交差点から県道29号（横手大森大内線）に分岐し、12km余り進むとしょうじ野集落があり、道路は二つに分かれる。左方が当羽広地区、右方が83項の坂部地区である。信仰の山・保呂羽山（ほろはさん）の麓に開けた地区で、しょうじ野・念仏橋・松山・栩（とち）の木・下村・中村・鳥居脇（とりいわき）の集落が細長く続いている。ほとんどの集落から保呂羽山が見え、地区のシンボルになっている。小学校には中学校が併設されており、同時に閉校した。校舎は解体され往時の面影は残っていない。

『秋田県の地名』（平凡社）に「明治3年の戸数は97軒、肝煎（きもいり）1、抛人6、医者1、社人1、山伏1」とあり、『角川地名大辞典・秋田県』には「昭和50年時は世帯数106・人口516人（次項の軽井沢地区は大字が羽広であるため合算した数字）」と記載されている。

羽広小学校メモ

開校	明治11年（1878）
閉校	昭和46年（1971）
最盛時の児童数	111人
現在の地区児童数	1人
閉校碑・跡地碑	無し

校歌（一節）

出羽の山なみ朝日にはえて
風さわやかに緑のかおる——
保呂羽のふもとせせらぐところ
われらが母校羽広校
いざや学ばん希望を胸に

58 大内軽井沢（おおうちかるいざわ）

由利本荘市羽広

DATA

※令和元年末データ

- 世帯数　24世帯
- 人　口　59人
- 地区にあった学校

上川大内小学校軽井沢分校

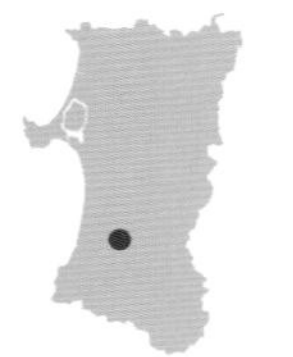

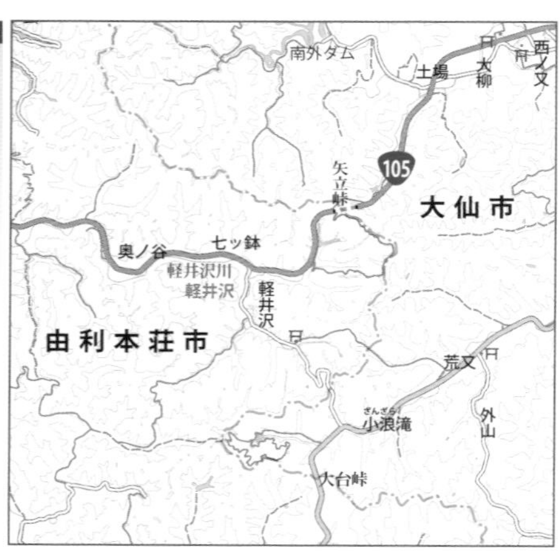

分校跡に建つ地区会館

地区のあらまし

この地区は子吉川の支流芋川流域の軽井沢川沿いに所在し、旧上川大内小学校軽井沢分校の学区である。地区内を国道105号が通り、大仙市との境界・矢立トンネルに近い。国道に沿って石橋・奥ノ谷・七ッ鉢（なな・ばち）、国道から少し離れて軽井沢の集落が点在している。分校は七ッ鉢にあり、冬期間は上川大内中学校の冬季分校が併設（昭和45年廃止）された。分校跡地には地区会館が建っている。七ッ鉢にあるイチョウの古木は市指定保存樹である。軽井沢の熊野神社は慶長10年（1605）の創立とされる。

藩政時代は、軽井沢村として独立していたが、明治初期に羽広村と合併し大字が羽広になった。『秋田県の地名』（平凡社）に「明治2（1869）年の戸数は15軒、人口70人、馬25匹とあり、近世中期・後期に開田が行われたと思われる」とある。拙書『秋田・消えた分校の記録』では、「平成13年の戸数は32戸」と記載した。

軽井沢分校メモ

開校	明治15年（1882）
閉校	昭和46年（1971）
最盛時の児童数	51人
現在の地区児童数	2人
閉校碑・跡地碑	無し

校　歌（一節）

芋川上のそり立つ丘に
仰ぐ学びやわれらが母校
ゆたかに茂る山々めぐり
田の面展けてあたりを囲む
自然に潤うわれらが母校
（本校の上川大内小校歌）

法内（ほうない）

由利本荘市東由利法内

DATA

※令和元年末データ

- 世帯数　90世帯
- 人　口　242人

- 地区にあった学校

法内小学校

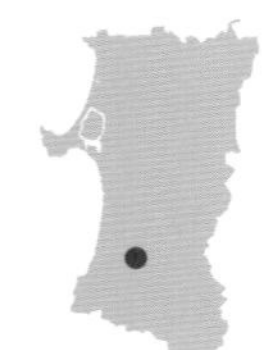

新処集落から克雪管理センター（右）方向を望む

地区のあらまし

この地区は子吉川の支流高瀬川（石沢川）流域の法内川沿いに所在し、大字が東由利法内で、旧法内小学校の学区である。国道107号を蔵地区から県道30号（神岡南外東由利線）に分岐し、2kmほど進むと最初の集落野田があり、法内川に沿って野田・新処・十二ノ前・桂台・小倉・中ノ沢・高村などの集落が散在している。新処に克雪管理センターがあり、十二ノ前の国有林には県指定天然記念物の八本杉がある。「東由利村報」に掲載されている昭和40年の国勢調査値は「130世帯・715人」である。また『角川地名大辞典・秋田県』には「昭和50年時は116世帯・517人」と記載されている。小学校は克雪管理センターの上方の高台にあった。校舎は解体され、平成14年に地区住民によって跡地碑が造られた。血中コレステロールの低下剤「スタチン」を発見した応用微生物学者・遠藤章氏（1933～。秋田県名誉県民、文化功労者）は小倉の生まれで、生家が現存する。

法内小学校メモ

開校　明治7年（1874）

閉校　昭和49年（1974）

最盛時の児童数　158人

現在の地区児童数　12人

閉校碑・跡地碑　あり

校歌（一節）

高瀬の川の水清く
鳥海山の峰高く
流れそびえる心もて
楽しく学びよく遊び
村の栄えと世の栄え
夢み進もう我らいざ
（統合後の蔵小学校の校歌）

住吉（すみよし）

由利本荘市東由利田代、黒渕

DATA

※令和元年末データ

- ●世帯数　158世帯
- ●人　口　417人

●地区にあった学校

住吉小学校

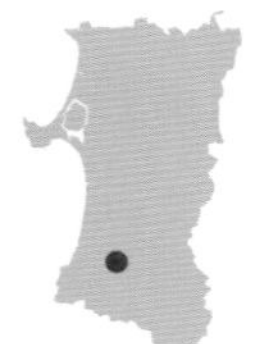

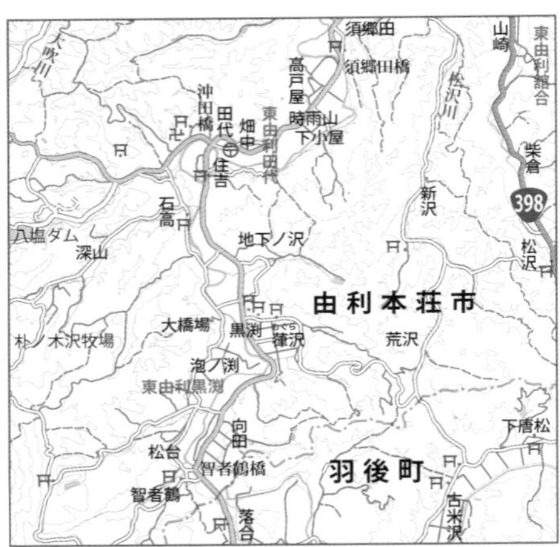

石高付近から田代、住吉方向を望む

地区のあらまし

この地区は子吉川の支流高瀬川（石沢川）の中流域に位置し、旧住吉小学校の学区である。国道107号を舘合地区から県道34号（羽後向田館合線）に分岐して進むと、高瀬川に沿って田んぼが開け、時雨山（しぐれやま）・田代・住吉・石高・深山（みやま）・地下ノ沢・黒渕・大橋場・泡ノ渕・葎沢（むぐらさわ）・松台・向田（むかいだ）・智者鶴（ちしゃづる）などの集落が羽後町の境界まで続いている。田代に郵便局、曹洞宗の寺院、石高の上流に八塩ダムがある。ダム周辺はオートキャンプ場やパークゴルフ場が造られ「八塩いこいの森」として整備されている。深山の上流に「朴ノ木沢牧場」、泡ノ渕の上流には「ボツメキ水源地」があり、東由利地区の水道水に用いられている。「東由利村報」によると、昭和40年の国勢調査値は「220世帯・1153人」である。

小学校は住吉にあり、跡地には「住吉館」（地区会館）が建っている。平成12年に沿革と校歌を刻んだ記念碑が地区関係者によって造られた。

住吉小学校メモ

開校	明治20年（1887）
閉校	昭和57年（1982）
最盛時の児童数	221人
現在の地区児童数	11人
閉校碑・跡地碑	あり

校歌（一節）

きょうもはずんだ明るい声が
八塩の山にこだまする
かがやく顔に希望がもえて
あふれる若さとびはねる
強く正しくたくましく
伸びよ住吉小学校

袖山（そでやま）

由利本荘市東由利田代、黒渕

DATA

※令和元年末データ

- 世帯数　38世帯
- 人　口　107人
- 地区にあった学校

  袖山小学校

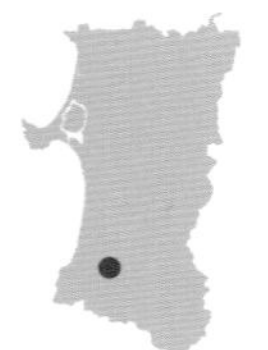

大吹川集落と棚田

地区のあらまし

この地区は子吉川の支流高瀬川（石沢川）流域の大吹川沿いに所在し、旧袖山小学校の学区である。国道107号を大琴地区から分岐し、大吹川沿いに延びる市道を進むと当地区に至る。細長く平地が開け、舟打場（ふなうちば）・袖山・大吹川（おおぶくがわ）・須郷と約3kmにわたって集落が点在している。最奥の須郷集落は7世帯19人の小集落だが、毎年8月に「しめ張り（しめ縄打ち）」の行事を継承しており、平成23年に県の記録選択民俗文化財になっている。小学校跡には「袖山館」（地区会館）が建っている。旧東由利町には宿・蔵・法内・老方・玉米（とうまい）・住吉・袖山小学校の7校あり、最盛時には総計1700人ほどが在籍した。この中で袖山小は一番小規模の学校だった。昭和55年に宿小と統合し大琴小学校になり、平成に入って段階的に統合が行われ、現在は東由利小学校（110人）1校になった。「東由利村報」に掲載されている袖山地区の昭和40年の国勢調査値は「59世帯・320人」である。

袖山小学校メモ

開校　明治35年（1902）

閉校　昭和56年（1981）

最盛時の児童数　76人

現在の地区児童数　0人

閉校碑・跡地碑　無し

校歌（一節）

山と緑に囲まれて

伸びゆくぼくらの心とからだ

きょうの歩みを大切に

明るく進もう袖山小学校

大台（おおだい）

由利本荘市東由利宿

DATA

※令和元年末データ

- 世帯数　14世帯
- 人　口　30人
- 地区にあった学校
  宿小学校大台分校

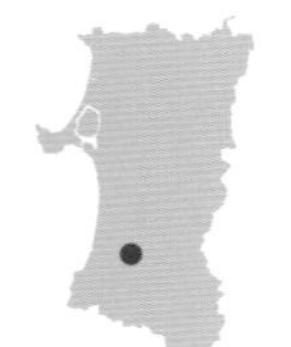

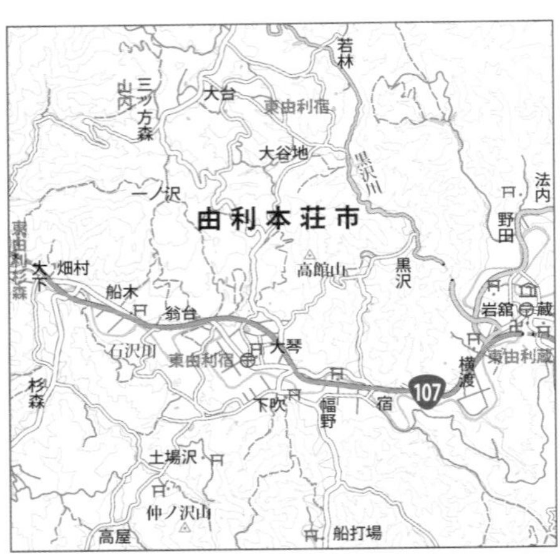

分校跡方向から大台集落を望む

地区のあらまし

この地区は子吉川の支流高瀬川（石沢川）流域の黒沢川上流部に所在し、旧大琴小学校大台分校の学区である。当地区には国道107号を大琴地区から分岐して市道を進む方法と、横渡地区から県道284号（楢渕横渡線）を進む方法の二通りがある。地区は高地になっており、大台高原とも呼ばれている。昭和48年の東由利村報に「人家が点在し、全戸を一巡するのに10キロ近くもあり、交通事情の不便な地区である」と記載されている。平成に入ってどの道路も舗装され、昔の辺ぴさは解消されている。最盛時、地区には若林・根小屋・大谷地・大落（おおおとし）・大台・三ツ方森・一ノ沢の7集落があり、計20戸あった。大台の「オンコ」の古木は市指定天然記念物である。分校跡には大台会館が建っている。「東由利村報」に掲載されている昭和40年の国勢調査値は「14世帯・80人」である。民謡日本一の浅野和子さん（現二代目浅野梅若）はこの地区の生まれである。

大台分校メモ

開校	大正8年（1919）
閉校	平成9年（1997）
最盛時の児童数	32人
現在の地区児童数	0人
閉校碑・跡地碑	無し

分校歌（一節）

遠き山脈にかこまれて
静かに見おろす東由利
ああわれらこの学舎に
いつくしみきたえたる
このからだ
開けゆく大台分校

県央

祝沢（いわいさわ）

由利本荘市東由利老方

DATA

※令和元年末データ

- 世帯数　7世帯
- 人　口　25人
- 地区にあった学校

老方小学校祝沢分校

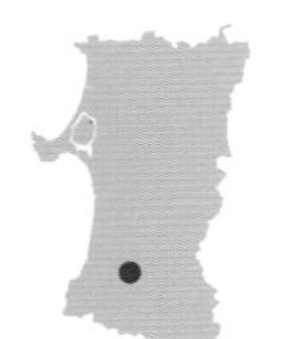

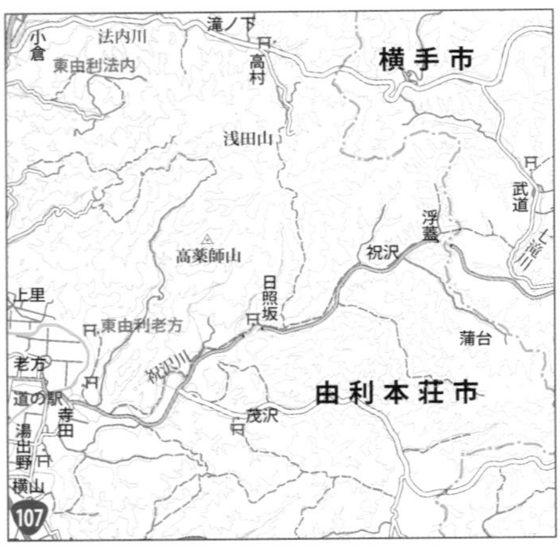

分校跡近くの森ノ越集落

地区のあらまし

この地区は子吉川の支流高瀬川（石沢川）流域の祝沢川上流部に所在し、旧老方小学校祝沢分校の学区である。「道の駅東由利」から県道48号（横手東由利線）に分岐し、3kmほど進むと笹倉トンネルがあり、さらに2kmほどさかのぼると浮蓋（うきぶた）トンネルがある。二つのトンネルの間に当地区の集落、下祝沢・祝沢・森ノ越が点在している。この道路は私鉄・横荘線跡で、昭和37年に県道になり、同48年に全面舗装された。上流にあった蒲台（がまだい）、浮蓋の2集落は無人になった。旧家小野覚兵衛家の古文書に、祝沢の開創は延宝6年（1678）と記録されている。昭和35年度の分校要覧に「世帯数28、人口176人、田19ha、畑3ha、馬7頭、牛17頭、ラジオ18台、自転車25台」とあり、「東由利村報」には、昭和40年の国勢調査値が「28世帯・128人」と記載されている。分校跡には祝沢会館が建ち、跡地碑が造られている。

祝沢は27歳まで過ごした私の古里である。

祝沢分校メモ

開校	明治35年（1902）
閉校	昭和53年（1978）
最盛時の児童数	35人
現在の地区児童数	3人
閉校碑・跡地碑	あり

分 校 歌（一節）

山と山との谷間の里に
春は雪消(ゆきげ) のうぐいすとめて
なくな小川のせせらぎよ
ああ祝沢 祝沢

釜ヶ台（かまがだい）

にかほ市釜ヶ台、冬師

DATA

※令和元年末データ

- 世帯数　93世帯
- 人　口　251人
- 地区にあった学校

釜ヶ台小学校

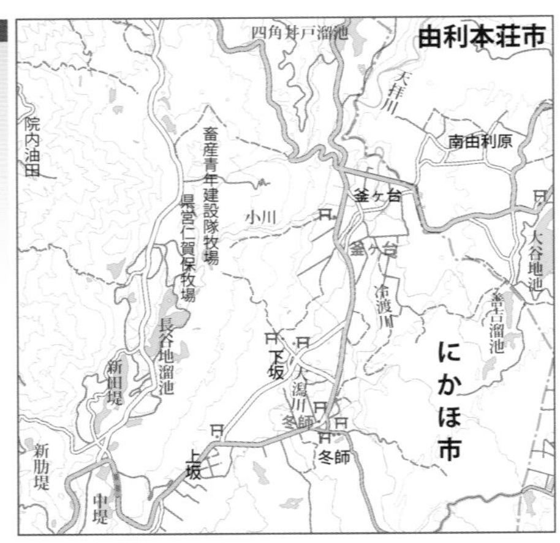

鳥海山を仰ぐ釜ヶ台集落

地区のあらまし

この地区は鳥海山麓に開けた標高約350mの高原の盆地である。近くに仁賀保高原、由利原高原が続き、鳥海山が眼前に迫る壮大な環境にある。釜ヶ台、冬師(とうし)の2集落に大別され、ほかに下坂、上坂の小集落がある。釜ヶ台に水芭蕉公園、冬師に仁賀保高原市山スキー場がある。地区内を県道285号（冬師西目線）と県道312号（長岡冬師城内線）が通り交通の便が良い。小学校は釜ヶ台と冬師の中間にあり、中学校が併設された（小学校と同時閉校）。校舎が残り、福寿園（福寿草の栽培）になっている。校門の近くに「埋もれ木」が展示されている。2600年前、鳥海山の大噴火の際に流れ出した泥流で地域一帯の樹木が埋もれた。展示物はその一つという。

『角川地名大辞典・秋田県』に「昭和50年時は、釜ヶ台62世帯・308人、冬師58世帯・245人」とある。現在は釜ヶ台が54世帯・154人、冬師が39世帯・97人である。

釜ヶ台小学校メモ

開校　明治15年（1882）
閉校　平成22年（2010）
最盛時の児童数　153人
現在の地区児童数　11人
閉校碑・跡地碑　あり

校 歌（一節）

あがるひばりの空高く
姿雄々しい鳥海を
心にしるしむつまじく
育つ我らのすこやかさ

西沢（にしさわ）

由利本荘市西沢

DATA

※令和元年末データ

- 世帯数　63世帯
- 人　口　180人
- 地区にあった学校

西沢小学校

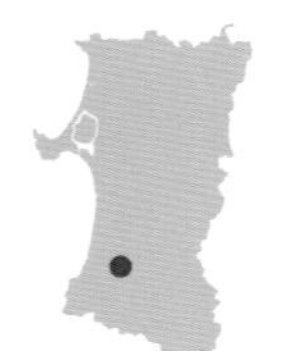

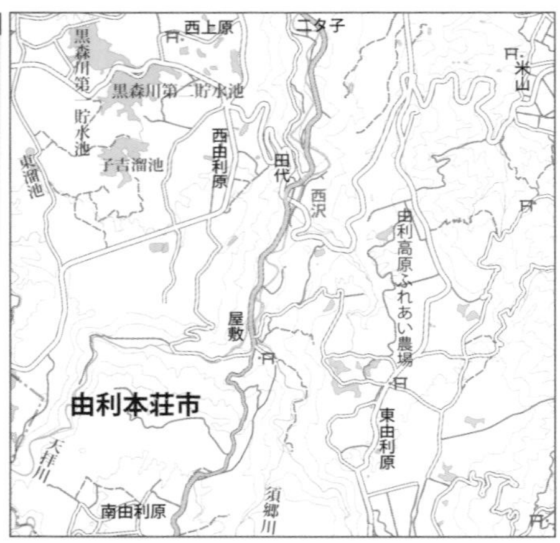

高台から屋敷集落を望む

地区のあらまし

この地区は子吉川の支流鮎川の上流域に位置し、旧西沢小学校の学区である。国道108号を南福田から県道287号に分岐し、「木のおもちゃ美術館」で知られる鮎川小学校跡を抜けて10kmほどさかのぼると当地区に至る。西沢小学校は、二タ子・田代・屋敷の3集落を対象に田代に開校した学校だった。戦後、由利原高原に開拓団が3カ所に入植（西上原（にしうわばら）22戸、南由利原41戸、東由利原12戸）して地区が一変した。西上原と南由利原には常設分校、東由利原には冬季分校が設置されて活気を呈したが、現在は西上原が2世帯4人、南由利原が6世帯7人、東由利原が無人になっている。田代と屋敷の間に石油資源開発の会社が操業。屋敷にある「巴（ともえ）館跡」は、仁治年間（1240～42）に木曽義仲の愛妾・巴御前の縁者が築いた館だとされる。

校舎は「ゆりの里郷土資料館」と衣替えし、旧由利町の民俗資料や歴史資料などを展示している。

西沢小学校メモ

開校　明治10年（1877）

閉校　平成9年（1997）

最盛時の児童数　156人

現在の地区児童数　2人

閉校碑・跡地碑　あり

校 歌（一節）

鳥海の雄々しく強し
かわらぬ姿父として
いばらの道をこえていく
ああわれら西沢小学校

熊之子沢（くまのこざわ）

由利本荘市矢島町荒沢

DATA
※令和元年末データ

●世帯数　15世帯
●人　口　27人

●地区にあった学校
矢島小学校熊之子沢分校

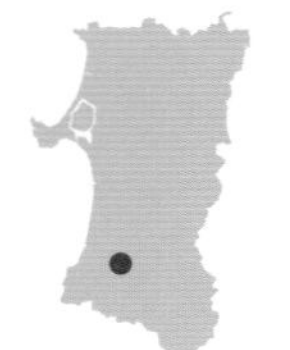

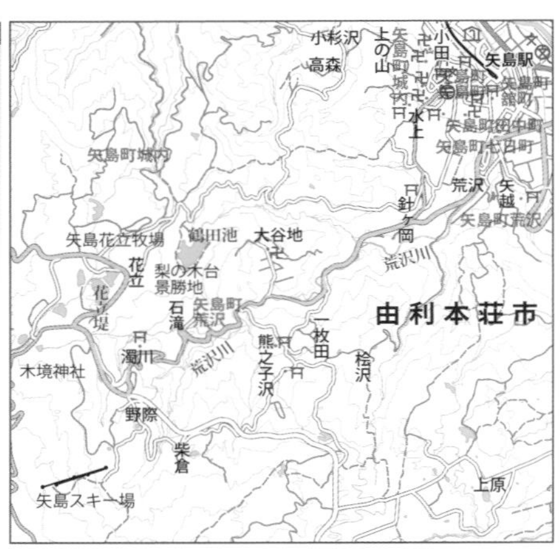

分校跡から熊之子沢集落を望む

地区のあらまし

この地区は子吉川の支流荒沢川の上流域に位置し、矢島小学校旧熊之子沢分校の学区である。国道108号から県道32号（仁賀保矢島館合線）に分岐し、6kmほど進むと当地区に至る。分校のあった熊之子沢を中心に大谷地・石滝・柴倉・野際（のぎわ）・濁川（にごりかわ）の小集落が点在している。地区一帯は傾斜地で棚田が多く、ほとんどの家が高台にある。最上流に鳥海高原矢島スキー場がある。私は『秋田・消えた分校の記録』（2001）で、「最盛時62戸あった学区の戸数は、現在、半数になっている。特に、31戸あった熊之子沢は14戸に減少している」と記し、『秋田・消えゆく集落180』（2017）では、「最盛時31戸あった熊之子沢は7戸に、3戸の野際は1戸、4戸の石滝は2戸、7戸の大谷地は1戸、4戸の柴倉は1戸、7戸の濁川は4戸、5戸の桧沢（ひさわ）は無人になり、過疎化が深刻である」と記載した。

分校跡にはこぢんまりした地区会館が建てられている。

熊之子沢分校メモ

開校　明治20年（1887）

閉校　昭和47年（1972）

最盛時の児童数　58人

現在の地区児童数　0人

閉校碑・跡地碑　無し

校 歌（一節）

東に清らの子吉川
八塩もみじのかげうつし
うつす水面はわれらの鏡
みがけよわがたまの日に新たに

（本校の矢島小校歌）

谷地沢（やちさわ）

由利本荘市矢島町城内

DATA

※令和元年末データ

- 世帯数　17世帯
- 人　口　48人
- 地区にあった学校

矢島小学校谷地沢分校

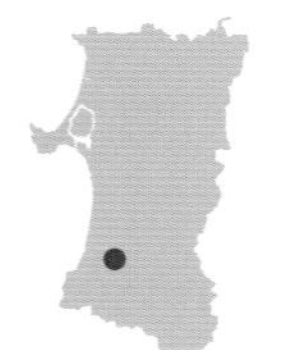

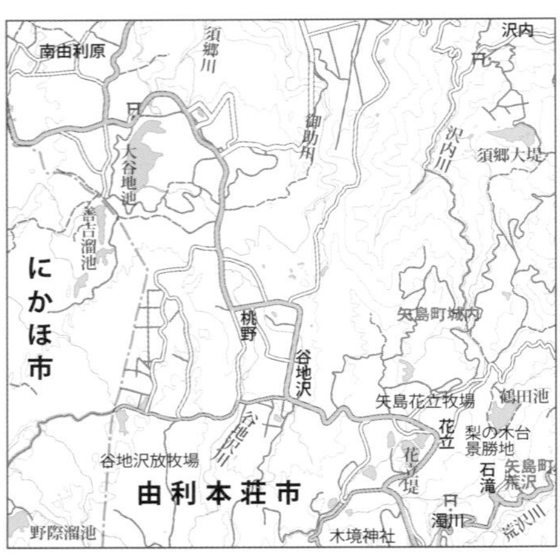

谷地沢と桃野集落の間に広がる田んぼ

地区のあらまし

この地区は由利原高原の一画（前項の熊之子沢地区の上方）に位置し、矢島小学校旧谷地沢分校の学区である。子吉川支流の御助（みたすけ）川の上流域になり、65項の西沢地区に水が流れている。矢島から県道32号（仁賀保矢島館合線）を進み、前項の熊之子沢地区の坂道を上り切ると標高約400mの由利原の台地が広がっている。分校には谷地沢・桃野・花立の3集落が通学した。谷地沢は古くからあった集落で、8世帯あったが現在は7世帯になっている。桃野、花立は戦後の開拓地である。桃野には20世帯入植したが現在は半数に減少、花立には5世帯入植したが昭和38年に全戸離農した。跡地は花立牧場公園として観光地になっている。桃野には、沿革と入植者名を刻んだ記念碑が造られている。花立から県道58号（矢島象潟線）が延び、途中から鳥海山への登山道が通じている。分校は谷地沢と桃野の中間にあり、校舎の一部が姿をとどめている。

谷地沢分校メモ

開校　明治33年（1900）

閉校　昭和53年（1978）

最盛時の児童数　54人

現在の地区児童数　1人

閉校碑・跡地碑　無し

校歌（一節）

南にけ高き鳥海山
白き高峰は朝夕に
のぞみかかげて学びのわざを
はげめよきわめよとわれを招く

（本校の矢島小校歌）

直根（ひたね）

由利本荘市鳥海町直根

DATA

※令和元年末データ

●世帯数　310世帯
●人　口　889人

●地区にあった学校
直根小学校

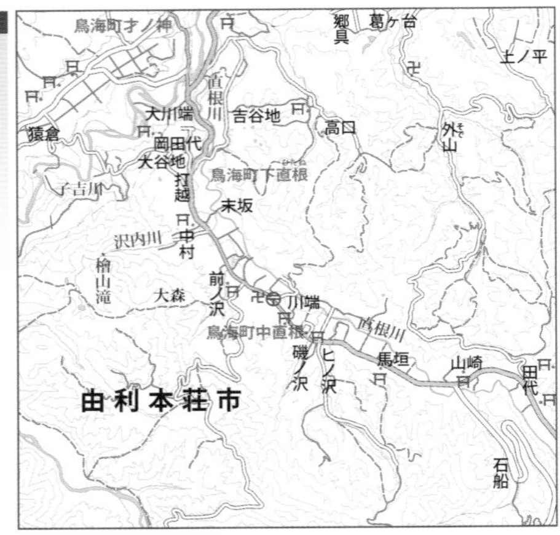

鳥海山が眼前に迫る猿倉集落

地区のあらまし

この地区は子吉川の上流域に位置し、旧自治体の直根村である。地区内を県道70号（鳥海矢島線）が通っている。才ノ神、猿倉、下直根、中直根、上直根、百宅の大字があり、下直根には大川端・吉谷地・岡田代・大谷地・中村。中直根には中直根・前ノ沢・磯ノ沢。上直根には山崎・田代・石舟・小宮内・タカノス・川熊などの集落がある。中直根に市役所出張所、直根郵便局、猿倉に猿倉温泉、湯ノ沢温泉、百宅に法体の滝（県天然記念物）がある。この百宅は現在、鳥海ダム建設が進められている。直根小学校は中村に、直根中学校（平成10年閉校）は大谷地にあった。百宅に百宅小中学校、猿倉に直根小学校猿倉分校、袖川（昭和48年無人）に同袖川分校、上直根に同上直根分校があった。直根小学校の校舎が残り「直根学習センター」になっている。

昭和30年の合併時が4045人、昭和50年時が2311人、そして現在は889人となり減少が進んでいる。

直根小学校メモ

開校　明治7年（1874）

閉校　平成25年（2013）

最盛時の児童数　770人

現在の地区児童数　14人

閉校碑・跡地碑　無し

校歌（一節）

空高き鳥海山を
仰ぎつつ清き故郷
ほこらかに共に学ばん
山の子われら心けだかく

笹子（じねご）

由利本荘市鳥海町笹子

DATA

※令和元年末データ

- ●世帯数　553世帯
- ●人　口　1389人
- ●地区にあった学校

笹子小学校

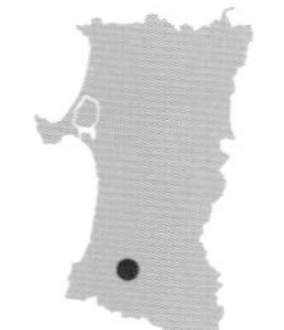

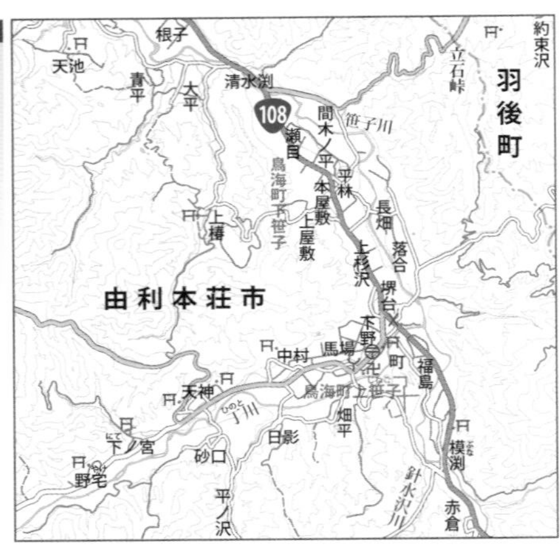

笹子小跡から上流を望む

地区のあらまし

この地区は子吉川の支流笹子川流域に位置し、旧自治体の笹子村である。国道108号を進むと清水渕峡があり、ここから当地区になる。下笹子、上笹子の大字があり、新町(しんちょう)・堺台(さかいだい)・下野・下中・町・馬場・畑平・中村・天神(てんじん)・下ノ宮(にてのみや)・野宅(のやけ)・平ノ沢・福島・模渕(ぶなぶち)・針水・赤倉・西久米・皿川・天池(あまいけ)・青平(あおひら)・大平(おおだいら)・峠ノ下・瀬目(せめ)・本屋布(もとやしき)・平林・上ノ屋敷・上椿・上杉沢・間木ノ平・長畑など多くの集落がある。堺台に市役所笹子出張所、ＪＡ支所、「道の駅清水の里・鳥海郷」があり、野宅に野宅温泉、向赤倉に笹子名水（湧水）がある。笹子小学校、同中学校（平成10年閉校）は堺台にあった。大平・野宅・西久米に小学校の分校、上椿・針水・水無(みずなし)（昭和48年無人）に冬季分校があり、地区には分校が多くあった。中学校の校舎が残り「笹子学習センター」になっている。

昭和30年の合併時が4152人、昭和50年時が3045人、そして現在は1389人となり減少が進んでいる。

笹子小学校メモ

開校	明治7年（1874）
閉校	平成25年（2013）
最盛時の児童数	803人
現在の地区児童数	23人
閉校碑・跡地碑	あり

校 歌（一節）

笹子川水きよく
たゆまずに進む姿を
学びの日々うけついで
ひとみ輝き励むわれら
ああふるさとの明日をにない
伸びてゆこうよ楽しく共に

沢内（さわない）

大仙市協和船岡

DATA

※令和元年末データ

- 世帯数　101世帯
- 人　口　242人
- 地区にあった学校
  沢内小学校

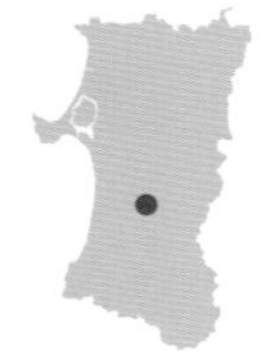

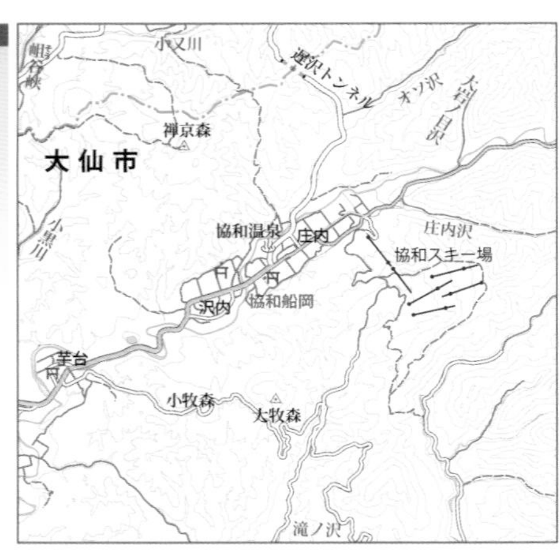

沢内から庄内方向を望む

地区のあらまし

この地区は雄物川の支流淀川の上流域に位置し、旧沢内小学校の学区である。国道7号の合貝(あわせがい)交差点から県道28号(秋田岩見船岡線)に分岐し、宇津野(うつの)からは県道316号(唐松宇津野線)へと継いで進むと当地区に至る。淀川に沿って小盆地が広がり、沢内・庄内の2集落がある。沢内に沢内診療所、公民館があり、庄内に協和温泉、唐松温泉、協和スキー場がある。宿泊施設も数カ所(四郎兵エ館、四季の湯、美山荘、藤久など)営業している。また庄内には県指定天然記念物「鬢垂(びんだれ)のシダレ栗」がある。上流に協和ダム(美山湖)があり、周辺には大川前公園、荒木沢公園がある。庄内地区会館の敷地には「地区の由来」碑が造られている。これによると、沢内は昭和57年に猫ヶ沢から沢内に改めたという。碑の裏面に、地区出身歌手・小笠原浄氏(故人)が作詞作曲した「びんだれ山」の詞が刻まれている。

小学校は沢内にあり、跡地に沢内診療所が建てられている。

沢内小学校メモ

開校	明治7年(1874)
閉校	昭和57年(1982)
最盛時の児童数	148人
現在の地区児童数	5人
閉校碑・跡地碑	あり

校歌(一節)

船岡川の水清く
牧森山を友として
伸びゆくわれら励み合い
明るい未来をつくろうよ

大盛（たいせい）

大仙市協和荒川

DATA

※令和元年末データ

●世帯数　40世帯

●人　口　101人

●地区にあった学校

大盛小学校

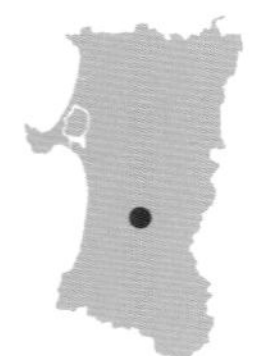

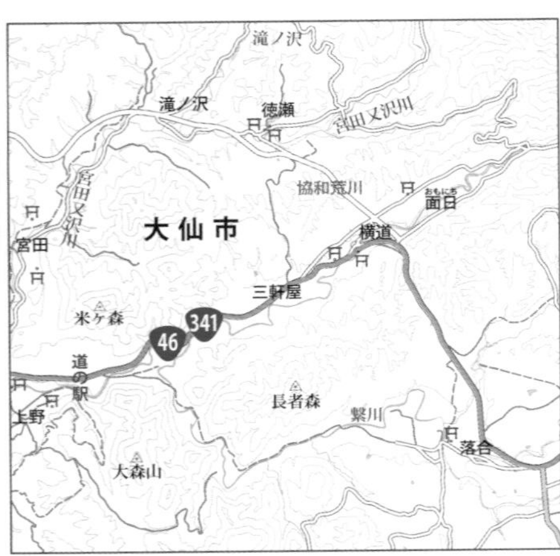

大盛小跡に建つ「大盛館」

地区のあらまし

この地区は雄物川の支流荒川の中流域に位置し、旧大盛小学校の学区である。上淀川から国道46号を東方に10kmほど進むと、三軒屋・横道・面日(おもてにち)の集落があり「大盛館」が建っている。ここが大盛小学校の跡地である。小学校閉校後、校舎を活用して「大盛資料室」にしていたが、平成10年にリニューアルし開館した。旧協和町郷土資料館として、民具・民家・歴史資料などを展示している。同12年には地元出身作家・松田解子(ときこ)さんの展示コーナーが新設された。小学校跡地には「創立百年祭碑」と松田解子の「おりん口伝碑」がある。2kmほど上流には荒川鉱山跡(昭和35年閉山)があり、新協和カートランドや荒川鉱山墓苑がある。山を一つ越えた宮田又沢川の上流には滝ノ沢、徳瀬の集落があり、大盛小学校徳瀬分校(昭和52年閉校)があった。徳瀬分校の上流には宮田又鉱山があり、宮田又小学校があったが鉱山の閉山(昭和40年)により閉校した。

大盛小学校メモ

開校　明治10年(1877)

閉校　昭和52年(1977)

最盛時の児童数　111人

現在の地区児童数　4人

閉校碑・跡地碑　無し

校歌(一節)

誠と愛を力とし

牛沢川の清流と

鍋倉山の雄姿をば

我等の理想と進まばや

稲沢（いなざわ）

大仙市協和稲沢

DATA

※令和元年末データ

●世帯数　160世帯
●人　口　455人

●地区にあった学校
稲沢小学校

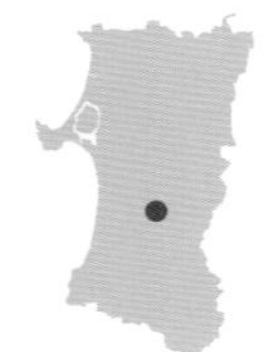

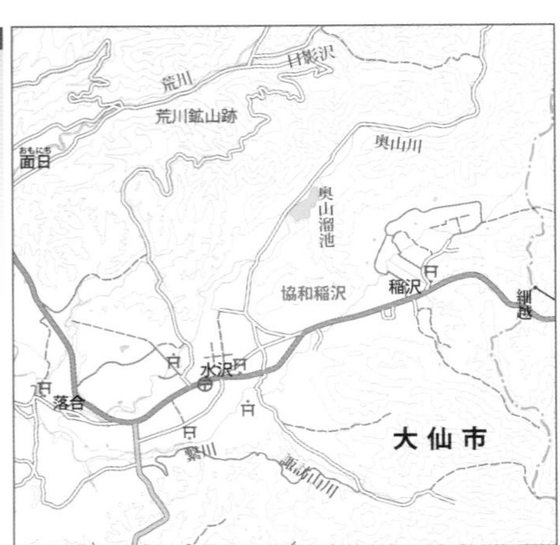

水沢集落を望む

地区のあらまし

この地区は雄物川の支流繋(つなぎ)川の上流域に位置し、旧稲沢小学校の学区である。前項の大盛地区から国道46号を5kmほど進むと、国道に沿って田んぼが広がり、当地区の落合・水沢・稲沢の集落が延びている。稲沢から少し進むと仙北市角館町の境界になる。水沢から県道252号（水沢西仙北線）が通っており、5kmほどで次項の心像地区に至る。水沢に郵便局がある。小学校は水沢と稲沢の中間にあり、協和中学校稲沢分校が併設（昭和47年閉校）されていた。校舎が残り沿革と校歌を刻んだ碑が建てられている。

『角川地名大辞典・秋田県』に「天保4年（1833）の飢饉(ききん)（俗に巳(み)年のケカチ）で大被害を受け、翌年の2月に稲沢一揆が起こり、郡方吟味役・見廻役では収集できず、藩主の巡行で鎮定された」とある。

同書に掲載されている昭和50年時の世帯数と人口は「160世帯・764人」である。

稲沢小学校メモ

開校　明治20年（1887）
閉校　平成20年（2008）
最盛時の児童数　166人
現在の地区児童数　15人
閉校碑・跡地碑　あり

校歌（一節）

みどりが匂う野や森の
風が小鳥が呼びかける
明るい心よく学ぶ
われらの稲沢小学校

心像（こころやり）

大仙市土川

DATA

※令和元年末データ

●世帯数　138世帯
●人　口　422人

●地区にあった学校
心像小学校

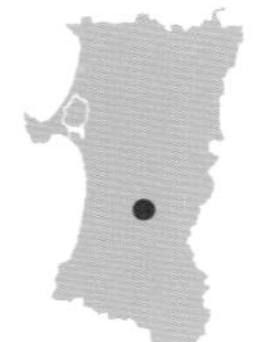

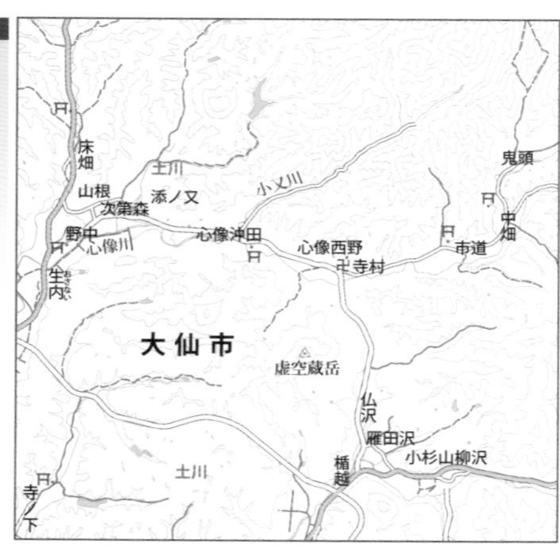

寺村集落を望む

地区のあらまし

この地区は雄物川の支流心像川の上流域に位置し、旧心像小学校の学区である。心像川に沿って細長く平地が開け、下流から生内(おさない)・野中・山根・床畑(ゆかはた)・次第森(しだいもり)・添ノ又・沖田・西野・寺村・市道(いちみち)・中畑・鬼頭(おにこうべ)・内山などの集落が約5kmにわたって続いている。市道の「心像市道窯跡」、西野の「心像経塚」は県史跡になっている。小学校は沖田と西野の中間にあり、一時期、土川中学校心像分校が併設（昭和34年閉校）された。小学校閉校後は、平成11年まで心像保育園として使用した。現在は校舎の一部が残り、心像会館（地区会館）に、グラウンドはゲートボール場になっている。

『地名譚(たん)』（ぬめひろし著）に「心像は読みにくいため、むかしは心鑓と書かれている。心くばりがよいの意のようである。鬼頭は、坂上田村麻呂が大滝丸を捕えたと伝わる鬼壁山の洞窟が地名の発祥という」とある。鬼壁山（388m）は仙北市との境界に位置し、角館町側に鬼壁集落がある。

心像小学校メモ

開校	明治16年（1883）
閉校	昭和52年（1977）
最盛時の児童数	190人
現在の地区児童数	14人
閉校碑・跡地碑	あり

校 歌（一節）

山は繁山(しげやま)田の面もひろく
みのれるふるさとわが心像
強いからだと働くうでを
きたえましょうわたしらぼくら
ああゆくてさす学びの窓の
栖(みす)か嶽(だけ)にも雲がわく

74 大沢郷西（おおさわごうにし）

大仙市円行寺

DATA

※令和元年末データ

- 世帯数　36世帯
- 人　口　98人

- 地区にあった学校

大沢郷西小学校

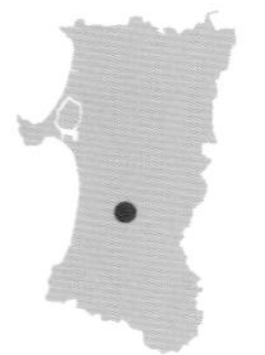

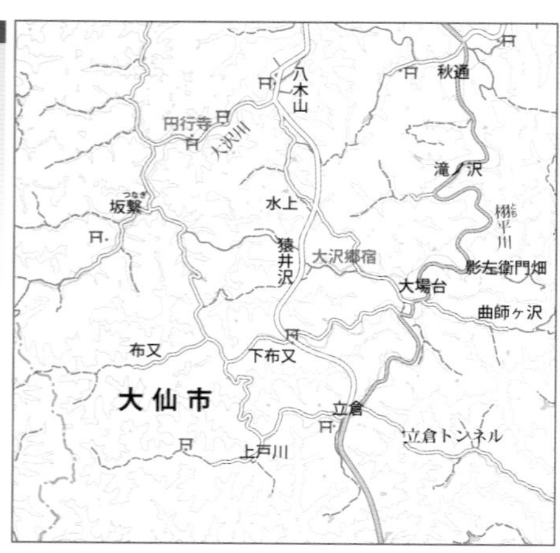

大場台集落を望む

地区のあらまし

この地区は雄物川の支流栩平川（とちひらがわ）の上流域に位置し、旧大沢郷西小学校の学区である。大字が円行寺（えんぎょうじ）であり、このうち大場台・布又・立倉・上戸川の集落が西小学校の学区であった。大場台を中心に集落が二つの沢に分かれている。現在の生活者は、大場台が16世帯・38人、布又が9世帯・25人、立倉が7世帯・21人、上戸川が4世帯・14人である。大沢郷宿地区から県道315号（西仙北南外線）が通っているが、近年、出羽グリーンロード（広域農道）が地区内を開通したので、交通の便が良くなった。

小学校は明治22年（1889）に坂繋（さかつなぎ）（大字円行寺）から大場台に移転し、昭和29年（1954）に独立校になった。閉校後、校舎は「青少年自然の家」として活用されていたが、傷みが進行したため令和2年で廃止されるという。今後は建物をリニューアルし、地区会館及び避難所として使用する方向で進められている。

大沢郷西小学校メモ

開校　明治11年（1878）
〈昭和29年独立校〉

閉校　昭和62年（1987）

最盛時の児童数　74人

現在の地区児童数　2人

閉校碑・跡地碑　あり

校 歌（一節）

ぼくは山の子元気な子

むこうのお山の杉のように

なににもまけずすくすくと

お空のくもまで伸びようよ

夏桑（なつくわ）

大仙市南外外小友

DATA

※令和元年末データ

●世帯数　5世帯

●人　口　9人

●地区にあった学校

南外西小学校夏桑分校

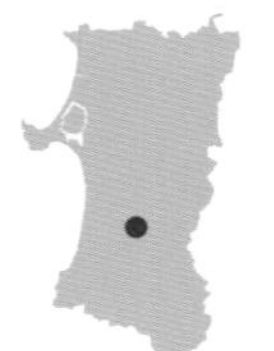

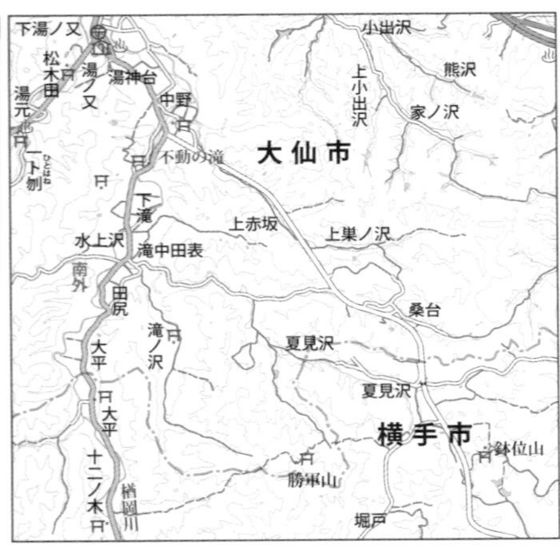

桑台の家々と田んぼ

地区のあらまし

この地区は雄物川の支流楢岡川流域の夏見沢(なつみざわ)沿いに位置し、旧南外西小学校夏桑分校の学区である。湯ノ又から県道265号（湯の又前田線）を進み、滝中田表(たきなかたおもて)から分岐して3kmほどさかのぼると地区に至る。夏見沢・桑台の2集落があったが、昭和51年に夏見沢が集団移転し、現在は桑台だけになっている。平成に入って出羽グリーンロード（出羽丘陵広域農道）が開通し、こちらの通行が主になっている。この地区は横手市大森町との境界に近く、昭和25年まで児童は大森側の夏見沢分校に通っていたが、同26年に地区に分校が新設された。同60年の「夏桑分校廃校式しおり」に「昭和37年6月電気開通」「同38年1月ＮＨＫからテレビ寄贈」とある。跡地には分校跡の標柱だけが立っている。

夏見沢の南方向にある将軍山(しょうぐんざん)は、後三年の役（1083～87）の折、源義家がこの山の神社に必勝祈願し清原氏を滅ぼしたと伝承され、勝負の神様として知られている。

夏桑分校メモ

開校　昭和26年（1951）
閉校　昭和60年（1985）
最盛時の児童数　22人
現在の地区児童数　0人
閉校碑・跡地碑　あり

校歌（一節）

朝明けの雲にかがやき
遠く連なる出羽山地
仰ぐひとみも希望にもえて
心すなおに励みあう
太平御岳の見守るところ
南外西よ楽しいわれら
（本校の南外西小校歌）

76 田沢（たざわ）

仙北市田沢湖田沢

DATA

※令和元年末データ

- 世帯数　247世帯
- 人　口　562人
- 地区にあった学校

田沢小学校

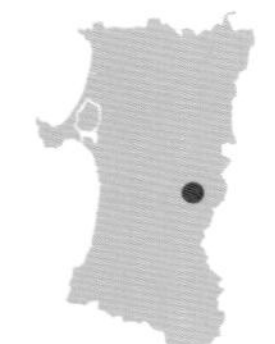

打野集落を望む

地区のあらまし

この地区は田沢湖の北東側に位置し、旧自治体の田沢村であり、田沢小学校の学区である。雄物川の支流玉川が地区内を蛇行して流れ、国道341号に沿って先達・銅屋・下田沢・見附田・谷地村・打野・坂下・鎧畑などの集落がある。下田沢に市役所出張所、田沢診療所、寺院があり、鎧畑には鎧畑発電所がある。田沢中学校もあったが平成16年に小学校と同時に閉校した。校舎が残り、田沢活性化センターになっている。上流部に鎧畑ダム（秋扇湖）、玉川ダム（宝仙湖）が築造されている。鎧畑ダムは昭和32年完成、10世帯が移転した。ここには玉川小学校小沢分校があった。玉川ダムは平成2年完成、112世帯が移転した。ここには玉川小学校と同宝仙台分校があった。このダムの関係住民の大半は生保内地区に移転したため、人口減少率を高める結果になっている。『角川地名大辞典・秋田県』に「昭和50年時は381世帯・1379人」と記載されている。

田沢小学校メモ

開校　明治7年（1874）

閉校　平成16年（2004）

最盛時の児童数　294人

現在の地区児童数　9人

閉校碑・跡地碑　無し

校歌（一節）

朝に夕に玉川の
流れにうつす稚きまゆ——
正しき道に手をつなぎ
行く子を見よや駒ヶ岳
田沢 田沢小学校

上桧木内（かみひのきない）

仙北市西木町上桧木内

DATA

※令和元年末データ

●世帯数　213世帯

●人　口　483人

●地区にあった学校

上桧木内小学校

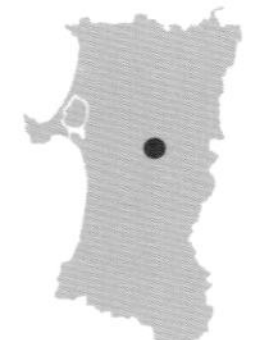

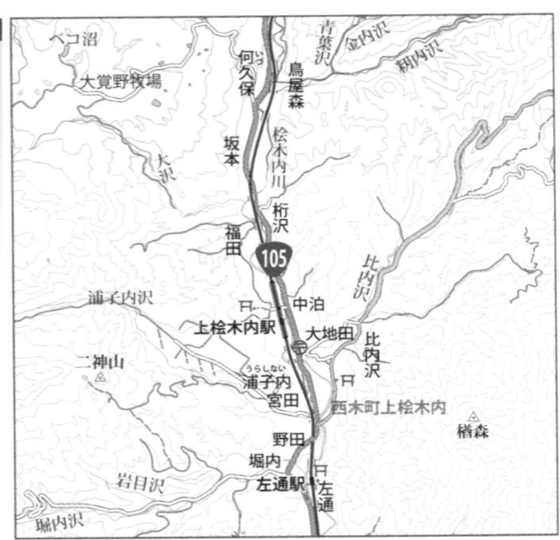

大地田から上桧木内駅を望む

地区のあらまし

この地区は雄物川の支流桧木内川の上流域に位置し、上桧内小学校の学区である。旧自治体の桧木内村の北部に当たり、大字が上桧木内である。地区内を国道105号と秋田内陸縦貫鉄道（あきた内陸線）が走り、黒沢・粟掛（あわかけ）・鷲ヶ台・左通（さどおり）・堀内（ほりない）・野田・大地田（おおちだ）・中泊・比内沢・浦子内（うらしない）・福田・阿久保（いづくぼ）・上戸沢と集落が続いている。大地田が地区の中心で、市役所出張所、郵便局、上桧木内駅などがある。左通と戸沢にも内陸線の駅がある。小学校は大地田にあり、校舎がそのまま残っている。戸沢には上桧木内学校戸沢分校があり、昭和50年閉校した。地区は紙風船の里として知られ、大地田に「紙風船館」がある。西方にある大仏岳（1166m）、桧木内川の清流とともに地区のシンボルである。県道321号（上桧木内玉川線）が比内沢から玉川ダム（宝仙湖）に延びている。『角川地名大辞典・秋田県』に「昭和50年時は280世帯・1045人」と記載されている。

上桧木内小学校メモ

開校　明治31年（1898）

閉校　平成19年（2007）

最盛時の児童数　276人

現在の地区児童数　13人

閉校碑・跡地碑　あり

校 歌（一節）

気高く清い大仏の
すがたは里のあこがれよ
われらも望み高らかに
かざしてきょうもたくましく
みんな元気で励もうよ

雫田（しずくだ）

仙北市角館町山谷川崎

DATA

※令和元年末データ

- 世帯数　23世帯
- 人　口　52人
- 地区にあった学校
  中川小学校川崎分校

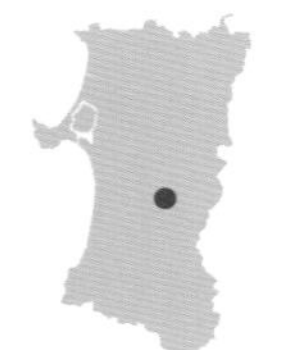

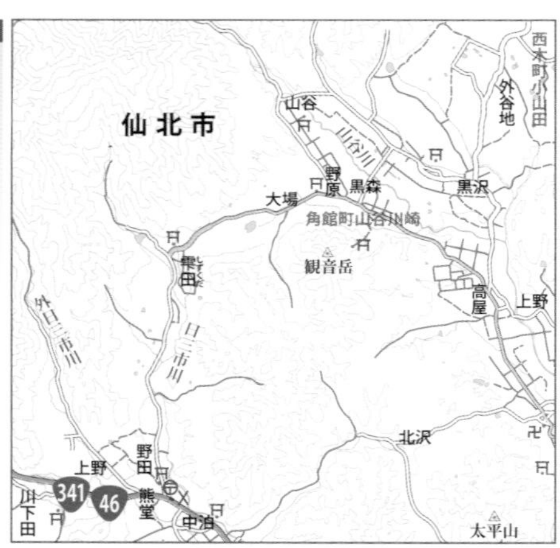

分校跡から上流を望む

地区のあらまし

この地区は雄物川の支流日三市川の上流に位置し、旧中川小学校川崎分校の学区である。大字が山谷川崎で、地区は山谷川の流域に集落が散在しているが、雫田集落だけが2kmほど離れており、流域も違っているので別地区のような感じがする。小盆地状に平地が開け集落の家々が並び、静かな農村風景を呈している。

地区への交通は、角館から県道250号（日三市角館線）を通行する方法と、国道46号の熊堂から分岐して北方に伸びる市道を進む方法の二通りがある。

集落の上流には明治期に隆盛を誇った日三市鉱山があり、川崎小学校が開設され、最盛時は児童数500人を超えたという。戦前に閉山し、戦後川崎分校になった。本校の中川小学校までは5kmほどの道のりだった。この中川小学校も児童の減少により令和2年3月閉校した。分校跡地は原野となり往時の面影は残っていない。

川崎分校メモ

開校　明治9年（1876）
閉校　昭和37年（1962）
最盛時の児童数　18人（4年生まで）
現在の地区児童数　1人
閉校碑・跡地碑　あり

校 歌（一節）

朝夕のぞむ山々は
平和の光照りはえる
緑の里のこの庭に
共に励まし我らいそしむ
ああわが中川小学校
（本校の中川小の校歌）

狙半内（さるはんない）

横手市増田町狙半内

DATA

※令和元年末データ

- 世帯数　153世帯
- 人　口　418人

- 地区にあった学校

増田東小学校

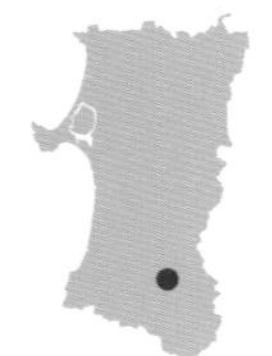

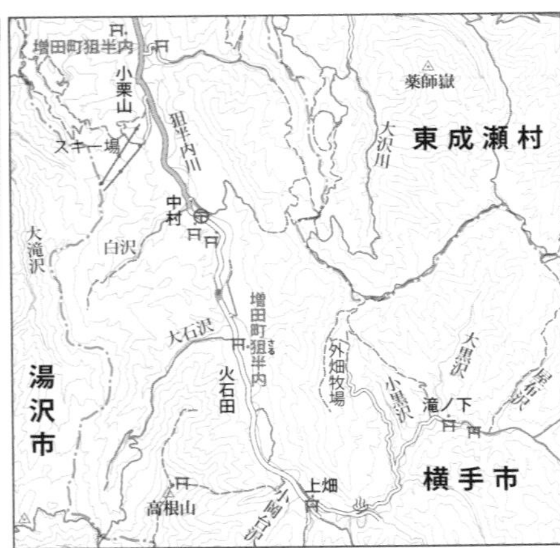

上流から火石田集落を望む

地区のあらまし

成瀬川の支流狙半内川の中流から上流域に位置し、旧増田東小学校の学区である。旧自治体西成瀬村の南部にあたり、大字が狙半内である。狙半内川に並行して県道274号(中村上吉野線)が走り、川口・小栗山(こぐりやま)・中村・火石田(ひいしだ)・上畑(かみはた)・滝ノ下などの集落が約7kmにわたって続いている。上畑に上畑温泉ゆーらく・宿泊施設さわらび、小栗山に天下森スキー場がある。道路は滝ノ下で行き止まりになる。地区には小栗山小学校と上畑小学校(どちらも明治17年開校)の2校あったが、昭和57年に統合して増田東小学校になり、天下森スキー場の下に建設された。このことから最盛時の児童数は2校の合算を載せた。東小学校の校舎が残り「基幹集落センター」になっている。『角川地名大辞典・秋田県』に「昭和50年時は253世帯・1079人」と記載されている。

『釣りキチ三平』で知られる漫画家・矢口高雄氏は中村の生まれである。

増田東小学校メモ

開校	昭和57年(1982)
閉校	平成14年(2002)
最盛時の児童数	290人
現在の地区児童数	9人
閉校碑・跡地碑	あり

校歌(一節)

山紫に水清く
いわなのおどるせせらぎに
遠い歴史の影うつし
希望のひろがる狙半内
ああ豊かなるこの里を
われらで永く育てよう

二井山（にいやま）

横手市雄物川町二井山

DATA

※令和元年末データ

- 世帯数　64世帯
- 人　口　195人
- 地区にあった学校

二井山小学校

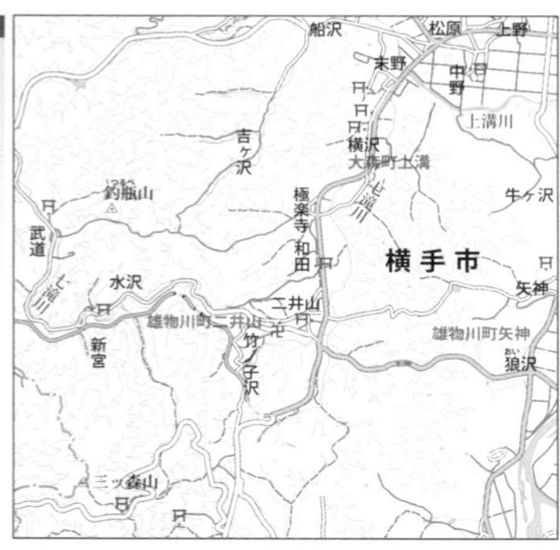

二井山集落下方の家々と田んぼ

地区のあらまし

この地区は雄物川の支流上溝(うわみぞ)川流域の七滝(ななたき)川沿いに所在し、旧二井山小学校の学区である。七滝川は下流から末野(すえの)・横沢・極楽寺(ごくらくじ)・二井山・水沢・武道となっており、地形は大森町であるのに、二井山と水沢は雄物川町になっているのは歴史的な事情がありそうだ。沼館から県道48号（横手東由利線）、大森から県道164号（二井山大森線）が通っているが、48号は郡境（市境）部分が未開通である。二井山字竹ノ子沢は戦後の開拓地で、平成8年に入植者23人の氏名を刻んだ「拓魂碑」が関係者によって建立された。水沢は3世帯の小集落である。二井山と水沢の中間に景勝「七滝」がある。1月の湯殿山神社のお柴灯祭では裸参りが伝統行事として受け継がれている。小学校の跡地には「農村集落多目的共同利用施設」（地区会館）が建設されている。

『角川地名大辞典・秋田県』に「昭和50年時は世帯数88・人口371人」と記載されている。

二井山小学校メモ

開校　明治12年（1879）

閉校　昭和50年（1975）

最盛時の児童数　125人

現在の地区児童数　7人

閉校碑・跡地碑　無し

校歌（一節）

七滝たぎち波白く
小鳥さえずり花におう
平和のさとにはぐくまれ
父母の愛師の教え
伸びゆくわれらすこやかに

武道（ぶどう）

横手市大森町上溝

DATA

※令和元年末データ

- 世帯数　16世帯
- 人　口　44人

- 地区にあった学校

白山小学校武道分校

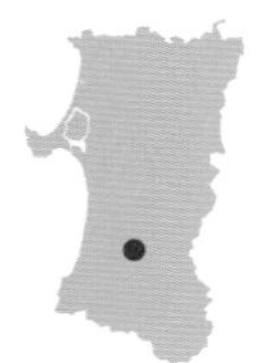

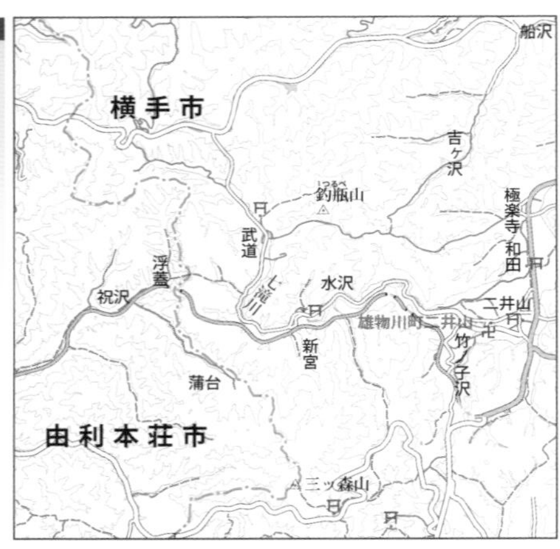

武道集落の上流部

出版案内

2024.2

●読者の皆様へ
小社の出版物は、秋田県全域の書店でお求めいただけます。県外の方は最寄の書店にてご注文ください。
＊お急ぎの方は直接ご注文ください（送料別途）。
＊表示定価は10％税込価格です。

勝平得之「冬（なんてん）」

秋田文化出版株式会社

〒010-0942 秋田県秋田市川尻大川町2-8
TEL 018-864-3322　E-mail akitabunka@yahoo.co.jp
FAX 018-864-3323　http://akita-bunka.info/

版画家 勝平得之の世界 勝平新一 編

勝平得之［版画50選］ 定価55,000円
A3版40葉、A2横長版（二つ折り）10葉の計50葉をバラ収納。入替が楽しめます。耐光インクで版画の美しい色合いを再現。

版画［秋田の四季］
勝平得之作品集　定価3,520円
版画家・勝平得之の代表作を収録したコンパクトなカラー作品集。
〈B5版カラー88頁〉

勝平得之 画文集
定価1,650円
多数の版画とともに世界的な版画家・得之の随筆を収録した画文集。
〈A4版モノクロ112頁〉

地区のあらまし

この地区は雄物川の支流上溝川流域の七滝川最上流部に所在し、旧白山小学校武道分校の学区である。地区は武道と杉ヶ沢(4世帯)の2集落があったが、杉ヶ沢は昭和57年に無人になり、現在は武道1カ所である。最盛時には34世帯あったが、現在は半数以下になっている。前項の二井山地区の上流にあり距離的に近いが、平成の合併前は二井山と武道は町村が違っていたので、行政サービスのアンバランスがあった。合併後これが解消された。交通は、二井山と上溝船沢に通ずる市道が通っているが、県道48号(横手東由利線)は63項の祝沢地区でストップしているので、早期に開通が実現し、地域間の生活交流が望まれている。集落の東方にある釣瓶山(つるべさん)の八幡神社は、江戸後期の紀行家・菅江真澄の『雪の出羽路平鹿郡』(1826)にも紹介されている由緒ある神社で、豊作の神様として信仰されている。

分校跡にはモダンな地区会館が建設されている。

武道分校メモ

開校	明治37年(1904)
閉校	昭和55年(1980)
最盛時の児童数	43人
現在の地区児童数	0人
閉校碑・跡地碑	あり

校歌(一節)

八つの沢水音すみて
流れもはるか雄物川
平和の里はわが里よ
心正しく清らかに
身はすこやかにのびのびと
ともにみがきて育ちゆく
(本校の白山小校歌)

前田（まえだ）

横手市大森町八沢木

DATA

※令和元年末データ

- 世帯数　153世帯
- 人　口　392人

- 地区にあった学校

前田小学校

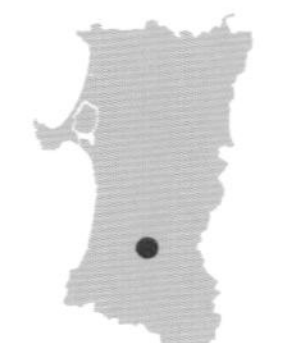

保呂羽小跡から上流部を望む

地区のあらまし

この地区は雄物川の支流楢岡川の上流域に位置し、旧前田小学校の学区である。県道29号（横手大森大内線）を大森方向から進むと「八沢木トンネル」があり、抜けると当地区になる。滝ノ上・小山・中ノ又・木ノ根坂・本木（もとき）・前田・上八沢木・屋布台（やしきだい）・大小屋・北野・山崎・十二ノ木・大平（おおひら）などの集落が散在している。地区のシンボル保呂羽山（ほろはさん）（438m）は、周辺の山々が低いためよく目立ち、信仰の山として1200年の歴史を誇っている。毎年11月に行われる波宇志別（はうしわけ）神社霜月神楽（かぐら）は国の重要無形民俗文化財である。大小屋に県立保呂羽山少年自然の家があり、十二ノ木には、一本の木に12種類のヤドリ木が生える珍木（市天然記念物）がある。

小学校は木の根坂に開校されたが、昭和28年に前田に移転して校名を前田小に改称した。平成元年に次項の坂部小学校と統合して保呂羽小学校となり、平成19年閉校した。校舎がそのまま残り前田公民館として活用されている。

前田小学校メモ

開校　明治9年（1876）

閉校　平成元年（1989）

最盛時の児童数　237人

現在の地区児童数　3人

閉校碑・跡地碑　あり

校 歌（一節）

四方の山並みうるわしく
川の流れも清らかな
前田の里の高台に
建って幾年なつかしの
われらの前田校

坂部（さかべ）

横手市大森町坂部

DATA

※令和元年末データ

●世帯数　48世帯
●人　口　112人

●地区にあった学校
坂部小学校

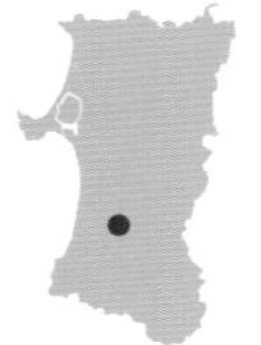

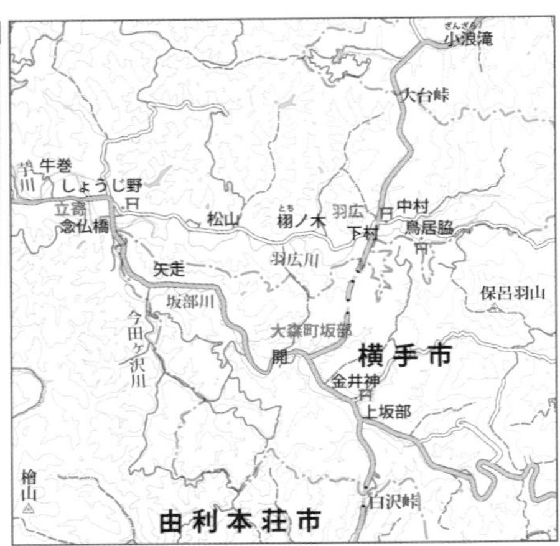

坂部小跡（右）を望む

地区のあらまし

この地区は子吉川の支流芋川流域に位置し、旧坂部小学校の学区である。57項の羽広地区と近接しており、そのため開発が進むにつれ亀田領由利郡羽広村と秋田領平鹿郡八沢木村の間で境界論争が起きた。元禄13年（1700）に幕府の裁定で坂部村は秋田領になったという経緯がある。保呂羽山（前項参照）の麓にあたり、坂部川沿いに田んぼが開け、矢走（やばしり）・開（ひらき）・金井神（かないかみ）・上坂部の集落が3kmほどにわたって続いている。昔は保呂羽山の麓を通る狭い峠道であったが、昭和後期に現在の県道29号（横手大森大内線）が開通したので不便さが解消された。また平成に入って県道30号（神岡南外東由利線）が開通したため交通の便はさらに良くなった。小学校は開にあり、昭和43年まで八沢木中学校坂部分校が併設された。校舎が残り、多目的集落センターになっている。『角川地名大辞典・秋田県』に「昭和50年時は56世帯・222人」と記載されている。

坂部小学校メモ

開校　明治9年（1876）

閉校　平成元年（1989）

最盛時の児童数　57人

現在の地区児童数　1人

閉校碑・跡地碑　あり

校歌（一節）

めぐる芋川 沢辺（さわべ）うるおし
清らに豊かに美しく
われら山の子坂部の子
あの流れのように心すなおに
どこまでもどこまでも伸びようよ

吉谷地（よしやち）

横手市山内平野沢

DATA

※令和元年末データ

- 世帯数　25世帯
- 人　口　60人
- 地区にあった学校
  吉谷地小学校

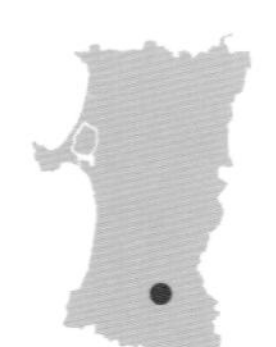

小川沿いに家々が並ぶ武道集落

地区のあらまし

この地区は横手川の支流武道川の上流域に位置し、旧吉谷地小学校の学区である。大字は平野沢である。県道40号（横手東成瀬線）をバス停・平野沢から南方向の市道に分岐して3kmほど進むと吉谷地集落に至り、1km余り上流に武道集落がある。この2集落が小学校の学区で、校舎は両集落の中間に建っていた。現在は体育館が姿をとどめている。

享保15年（1730）の『六郡郡邑記』に、平野沢村の支郷として吉谷地村15軒、武道村21軒が記されているので、古くから開発されたものと思われる。また、武道の奥から同郡吉野村（増田町吉野）へ小道有りとも記述されている。この道は林道（未舗装）として国道342号（東成瀬村）に通じているが、乗用車の通行は難しい。

江戸後期の紀行家・菅江真澄は『雪の出羽路平鹿郡』（1826）で、武道の地名は葡萄（ぶどう）からきたと述べている。81項の武道もそうなのだろうか。

吉谷地小学校メモ

開校　明治7年（1874）
〈昭和37年に独立校〉
閉校　昭和61年（1986）
最盛時の児童数　72人
現在の地区児童数　2人
閉校碑・跡地碑　無し

校歌（一節）

武道の川のせせらぎに
木々の緑がかげうつす
心ゆたかにむつむとき
命のようによろこびみつる
ああ吉谷地の清い水

筏（いかだ）

横手市山内筏

DATA

※令和元年末データ

- 世帯数　84世帯
- 人　口　251人

- 地区にあった学校

筏小学校

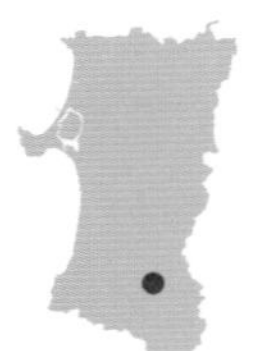

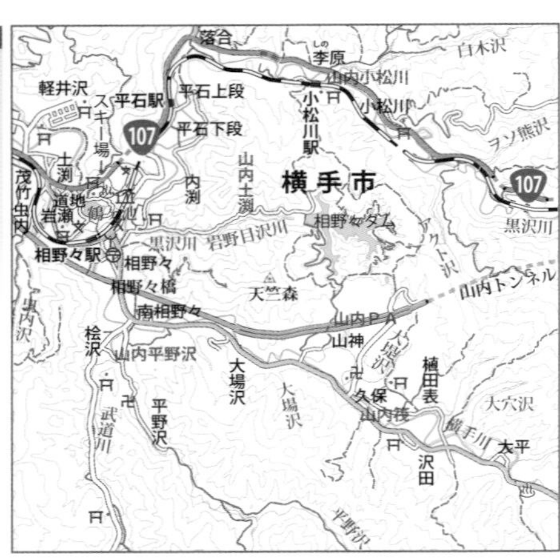

筏から上流集落を望む

地区のあらまし

この地区は雄物川の支流横手川の中流域に位置し、旧筏小学校の学区である。市役所山内庁舎のある相野々（あいのの）から横手川と並行して延びる県道40号（横手東成瀬線）を進んで最初の地区である。大畑・新処・久保・高林・沢田などの集落が続いている。上流には次項の南郷地区、その上流には87項の三又地区があり、横手川の流域は奥深い。久保に寺院、筏の大杉（推定樹齢600年、樹高44m、県指定天然記念物）がある。

小学校は久保にあった。校舎は解体され跡地には地区会館が建ち、地域の避難場所にもなっている。

『秋田県の地名』（平凡社）に「山内村郷土資料によると明治5年の総家数が73軒」とあり、『角川地名大辞典・秋田県』には「昭和50年時は世帯数113・人口538人」と記載されている。

筏小学校メモ

開校　明治7年（1874）

閉校　平成3年（1991）

最盛時の児童数　121人

現在の地区児童数　9人

閉校碑・跡地碑　無し

校歌（一節）

番杉の森空高く

すくすくのびる杉の子は

ああぼくらわたしの心です

清くすなおに進みましょう

南郷（なんごう）

横手市山内南郷

DATA

※令和元年末データ

- 世帯数　113世帯
- 人　口　350人
- 地区にあった学校
  南郷小学校

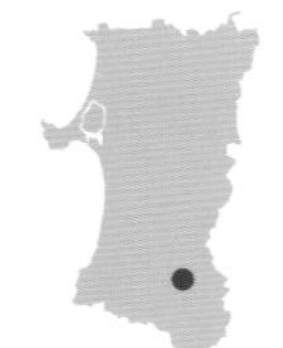

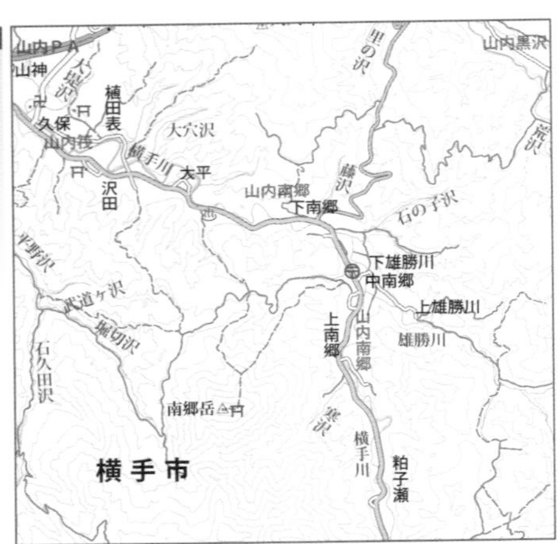

峠から望む南郷地区の全景

地区のあらまし

この地区は雄物川の支流横手川の上流域に位置し、旧南郷小学校の学区である。市役所山内庁舎のある相野々(あいのの)から横手川と並行して延びる県道40号（横手東成瀬線）を進むと、前項の筏地区があり、通り過ぎると南郷地区になる。県道に沿って下南郷・中南郷・上南郷の地域が広がっている。下南郷に「南郷夢温泉」があり、宿泊施設「共林荘」が建っている。中南郷に郵便局がある。小学校は中南郷にあり、山内中学校南郷分校が併設（昭和41年廃止）されていた。跡地には南郷コミュニティセンターが建っている。

前項の筏、次項の三又、そして当地区は、世帯数・人口・小学校の規模などほとんど似通っていたが、現在は若干差が出てきているようである。『秋田県の地名』（平凡社）に「山内村郷土資料によると明治5年の家数が74軒」とあり、『角川地名大辞典・秋田県』には「昭和50年時は世帯数109・人口546人」と記載されている。

南郷小学校メモ

開校　明治7年（1874）

閉校　平成4年（1992）

最盛時の児童数　137人

現在の地区児童数　7人

閉校碑・跡地碑　無し

校歌（一節）

緑がまぶしい山々の
かおる大地にそびえたつ
南郷岳を仰ぎ見て
学ぶぼくらは育ちゆく
ああ強く明るく
大きな希望も見定めて
ぼくらは進む南郷小

三又（みつまた）

横手市山内三又

DATA

※令和元年末データ

●世帯数　84世帯
●人　口　192人

●地区にあった学校
三又小学校

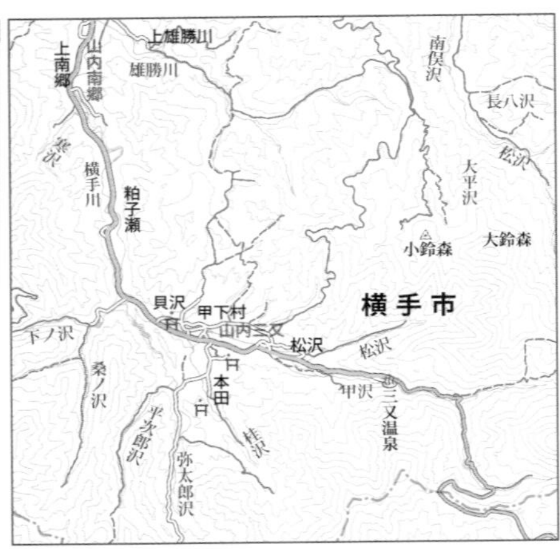

三又小跡から上流を望む

地区のあらまし

この地区は雄物川の支流横手川の最上流域に位置し、旧三又小学校の学区である。市役所山内庁舎のある相野々（あいのの）から横手川と並行して延びる県道40号（横手東成瀬線）を進むと、85項の筏地区があり、そして前項の南郷地区を通り過ぎると、最上流部に当三又地区がある。小盆地状になり、貝沢・甲（かぶと）・下村（したむら）・本田（ほんでん）・松沢の集落があまり距離を置かないで並んでいる。山内三又診療所があり、2kmほど上流には三又温泉がある。小学校には山内中学校三又分校が併設（昭和43年閉校）されていた。体育館が残り、校舎跡には三又コミュニティセンターが建設されている。近年、学校跡付近から東成瀬村岩井川方向に延びる道路が開通、通行が可能となった。地区には三又番楽（ばんがく）が伝承されている。

『秋田県の地名』（平凡社）に、「明治5年の家数は74軒」とあり、『角川地名大辞典・秋田県』には「昭和50年時は世帯数105・人口521人」と記載されている。

三又小学校メモ

開校　明治7年（1874）

閉校　平成9年（1997）

最盛時の児童数　135人

現在の地区児童数　0人

閉校碑・跡地碑　無し

校歌（一節）

仰ぐ甲はたくましく
流れもすめる旭川
山の資源にめぐまれて
豊かな里は開けゆく
ああ我らが三又校

山内黒沢（さんないくろさわ）

横手市山内黒沢

DATA

※令和元年末データ

- 世帯数　90世帯
- 人　口　196人
- 地区にあった学校

黒沢小学校

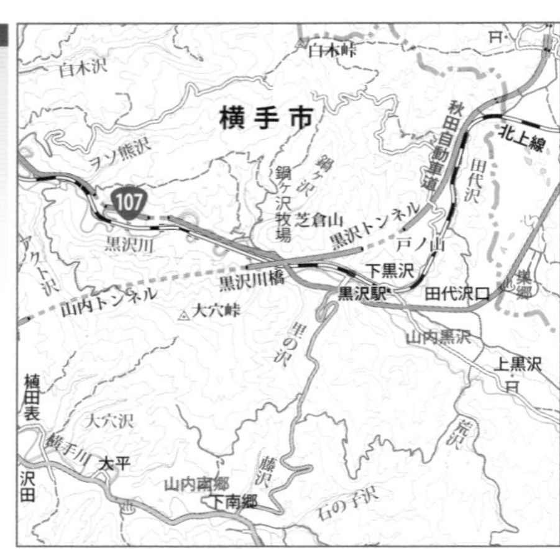

ＪＲ黒沢駅を望む

地区のあらまし

この地区は横手川の支流黒沢川の上流域に位置し、旧黒沢小学校の学区である。地区内をＪＲ北上線と国道107号が走り、交通に恵まれた土地である。下黒沢・中黒沢・田代沢口・上黒沢の集落が並んでいる。下黒沢にＪＲ黒沢駅があり、田代沢口からまもなく岩手県西和賀町になる。約2km北方に田代沢（9世帯）があったが、昭和44年田代沢口に集団移転した。小学校は中黒沢にあり、中学校が併設（昭和41年閉校）されていた。跡地は荒れ地になっている。

国道沿いは地形が狭くなっているが、上黒沢に平地が開け、田んぼが広がっている。黒沢駅の向かいから86項の南郷地区に通ずる峰越し道路が開通している。

『秋田県の地名』（平凡社）に、「山内村郷土資料によると明治5年の家数が36軒」とあり、『角川地名大辞典・秋田県』には「昭和50年時は世帯数114・人口518人」と記載されている。

黒沢小学校メモ

開校　明治7年（1874）
閉校　平成3年（1991）
最盛時の児童数　131人
現在の地区児童数　1人
閉校碑・跡地碑　あり

校歌（一節）

あさぎりのわくこの里に
四季のいろどり描く日々
土のにおいもふくよかに
汗の光をたぎらせつ
集いあつまるこの笑顔
肩くみ合って輪ひろげ
山の広場に花々咲かそう

89 坊ヶ沢（ぼうがさわ）

湯沢市高松

DATA

※令和元年末データ

●世帯数　50世帯
●人　口　124人

●地区にあった学校
坊ヶ沢小学校

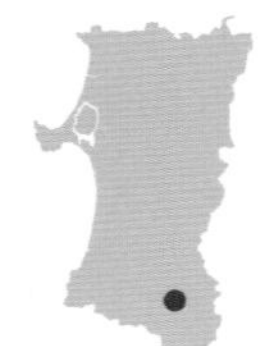

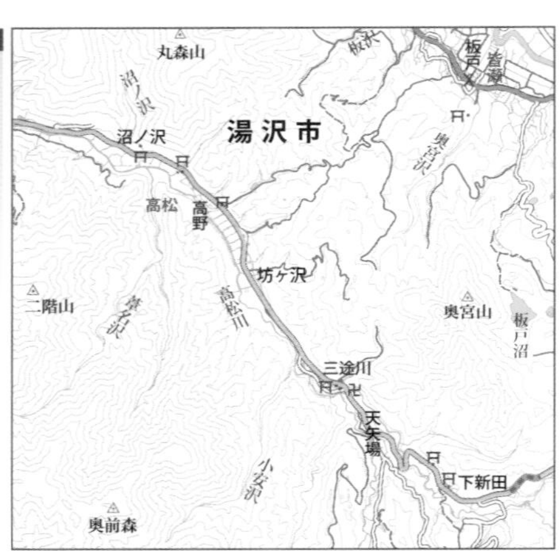

坊ヶ沢小跡から下流を望む

地区のあらまし

この地区は雄物川の支流高松川の中流域に位置し、旧坊ヶ沢小学校の学区である。国道13号の須川交差点から県道51号（湯沢栗駒公園線）に分岐し、10kmほど進むと当地区に至る。沼ノ沢・高野・坊ヶ沢・三途川（さんずかわ）などの集落が散在している。三途川には景勝地「三途川渓谷」がある。三つの渓流が合流することでこの呼び名になったとされる。手前にある十王堂の十王像は市指定重要文化財である。以前はこの渓谷沿いに道路があったが、現在は新しい橋ができて上から景観を眺めるようになった。

小学校は坊ヶ沢にあり、校舎が残り地区会館として使用している。次項の新田地区には坊ヶ沢小学校の分校が5校あった（新田分校、泥湯（どろゆ）分校、川原毛分校、上新田冬季分校、下ノ岱冬季分校）。平成17年高松小学校に統合後、この高松小も平成23年須川小に統合された。そして須川小も令和2年度限りで閉校するという。少子化は由々しい問題だ。

坊ヶ沢小学校メモ

開校	明治34年（1901）〈昭和37年に独立校〉
閉校	平成17年（2005）
最盛時の児童数	52人
現在の地区児童数	0人
閉校碑・跡地碑	あり

校歌（一節）

高松川の岸の道
心もはずみそろう足
仲良く通う元気な子
わが坊ヶ沢小学校

新田（しんでん）

湯沢市高松

DATA

※令和元年末データ

●世帯数　23世帯

●人　口　46人

●地区にあった学校

坊ヶ沢小学校新田分校

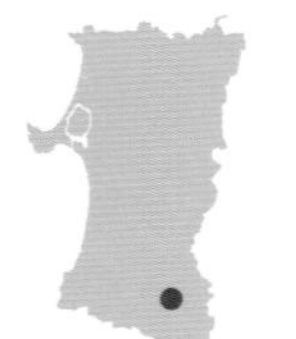

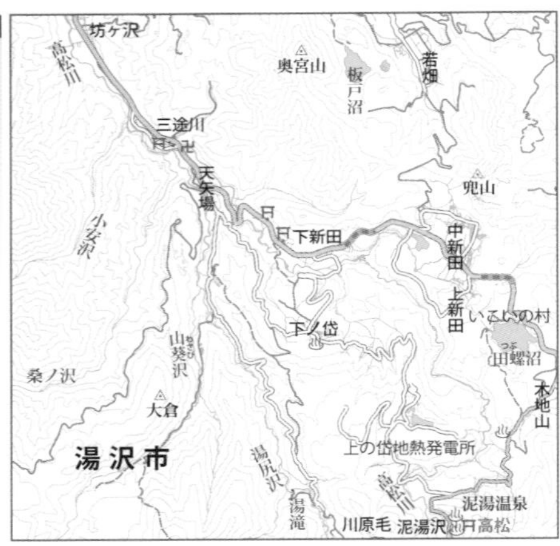

上新田集落を望む

地区のあらまし

この地区は雄物川の支流高松川の上流域に位置し、旧坊ヶ沢小学校新田分校の学区である。国道13号の須川交差点から県道51号（湯沢栗駒公園線）に分岐して進むと、前項の坊ヶ沢地区があり、三途川渓谷の橋を渡って2kmほど走ると当地区に至る。下新田(しもしんでん)・下ノ岱(したのだい)・中新田・上新田・泥湯(どろゆ)の集落が広く点在している。中新田、下ノ岱は戦後の開拓地である。下新田に坊ヶ沢小学校新田分校があり、ほかに泥湯分校（昭和50年閉校）、川原毛(かわらげ)分校（同42年閉校）、上新田冬季分校（同46年閉校）、下ノ岱冬季分校（同47年閉校）があった。中学生は新田分校に併設された須川中学校新田分校（平成11年閉校）に通った。分校跡は更地になっている。川原毛硫黄山は、青森県の恐山・富山県の立山とともに日本三大霊山として名高い。泥湯温泉は秘湯として知られているが、現在は1軒だけが営業している。下ノ岱に湯治宿「やまの湯っこ」がある。

新田分校メモ

開校	明治45年（1912）
閉校	平成15年（2003）
最盛時の児童数	48人
現在の地区児童数	3人
閉校碑・跡地碑	無し

校歌（一節）

高松川の岸の道
心もはずみそろう足
仲良く通う元気な子
わが坊ヶ沢小学校
（本校の坊ヶ沢小校歌）

秋ノ宮（あきのみや）

湯沢市秋ノ宮

DATA

※令和元年末データ

●世帯数　264世帯
●人　口　727人

●地区にあった学校
秋ノ宮小学校

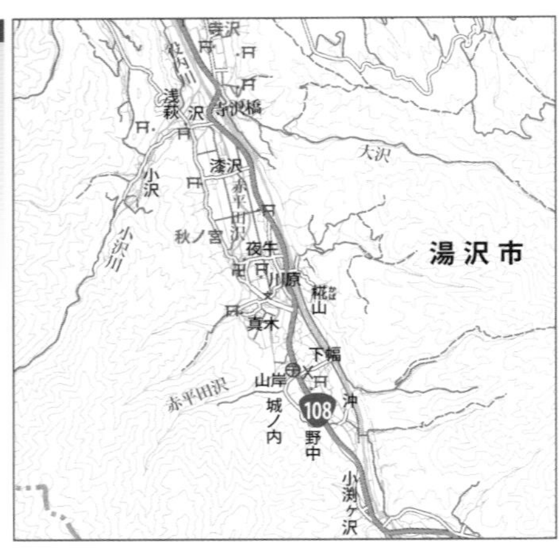

秋ノ宮小跡（左）と堰ノ口集落（右）を望む

地区のあらまし

この地区は雄物川の支流役内川の下流域に位置し、旧秋ノ宮小学校の学区である。国道13号の新万石橋から役内川に沿って延びる国道108号（千秋サンライン）に分岐し、3kmほど進むと当地区になり、浅萩(あさはぎ)・小沢(こざわ)・沢・漆沢(うるしざわ)・夜牛(やぎゅう)・中島・中央・川原・堰ノ口(せきのくち)・真木・下幅(したはば)・山岸・城ノ内(じょうのうち)・野中などの集落が散在している。川原の川向いに明治33年建設の椛山(かばやま)水力発電所がある。小学校は堰ノ口にあった。5kmほど上流に次項の中山小学校、その上流に93項の湯ノ岱小学校があり、この3地区が旧自治体の秋ノ宮村であった。役内川に沿って約15kmにわたり集落が続く地域で、最上流部は宮城県に接している。秋ノ宮中学校は、秋ノ宮・中山・湯ノ岱の3小学校を対象に野中にあったが、昭和49年に閉校した。

第38代横綱・照國（菅萬藏氏）、令和2年9月に内閣総理大臣に就任した菅義偉氏は、堰ノ口集落の生まれであり、どちらも生家が存在している。

秋ノ宮小学校メモ

開校　明治11年（1878）

閉校　平成27年（2015）

最盛時の児童数　365人

現在の地区児童数　25人

閉校碑・跡地碑　無し

校 歌（一節）

真木沢水の清流を
うけて伸びく学び舎に
われらは集いたゆみなく
平和と文化に手を結び
秋小われら学びゆく

92 中山（なかやま）

湯沢市秋ノ宮

DATA

※令和元年末データ

●世帯数　216世帯

●人　口　537人

●地区にあった学校

中山小学校

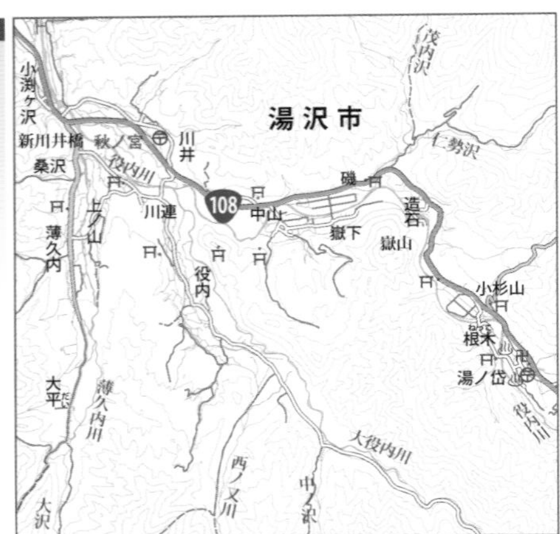

中山小跡から下流を望む

地区のあらまし

この地区は雄物川の支流役内川の中流域に位置し、旧中山小学校の学区である。国道13号の新万石橋から役内川に沿って延びる国道108号（千秋サンライン）に分岐して9kmほど進むと当地区に至り、桑沢・薄久内(うすくない)・川連(かわつら)・役内(やくない)・川井・中山・岳ノ下・磯・造石(つくりいし)などの集落が散在している。川井に秋ノ宮郵便局がある。国道に架かる新川井橋の手前に湧水「目覚めの清水」がある。小学校は中山にあった。校舎が残っているが、放置されており傷みが進行している。川連には川連分校（昭和39年閉校）があった。平成15年に次項の湯ノ岱小学校が当中山小に統合され、そして8年後には秋ノ宮小に統合し閉校した。さらに平成27年には、秋ノ宮・横堀・小野・院内の4校が統合して雄勝小学校（令和2年度182人）になった。事業家・菅親子（礼之助氏は元東京電力会長、父・礼治氏は秋田銀行設立者、祖父・運吉氏は木都能代市の基礎を築く）は岳ノ下の生まれである。

中山小学校メモ

開校	明治43年（1910）
閉校	平成23年（2011）
最盛時の児童数	314人
現在の地区児童数	5人
閉校碑・跡地碑	無し

校歌（一節）

役内川の清流に
かがやく波よ若鮎よ
ちからと意気がたくましく
肩くみあって伸びていく
たのしい中山小学校

93 湯ノ岱（ゆのたい）

湯沢市秋ノ宮

DATA

※令和元年末データ

●世帯数　101世帯
●人　口　235人

●地区にあった学校
湯ノ岱小学校

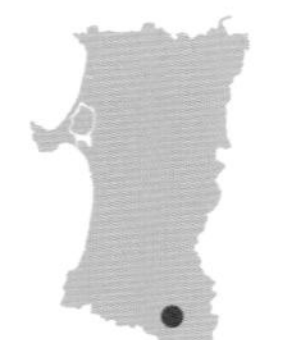

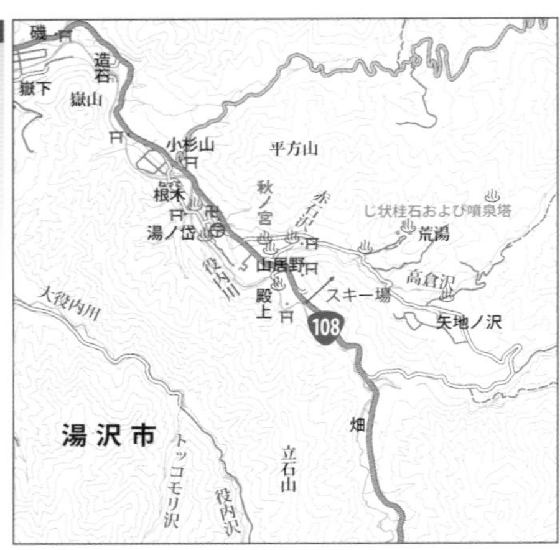

国道から湯ノ岱集落を望む

地区のあらまし

この地区は雄物川の支流役内川の上流域に位置し、旧湯ノ岱小学校の学区である。国道13号の新万石橋から役内川に沿って延びる国道108号（千秋サンライン）に分岐して12kmほど進むと当地区に至る。途中に前項の中山地区があり、造石の採石場を通り過ぎると、間もなく最初の集落小杉山に至り、湯端・湯ノ岱・上ワ野・殿上（でんじょう）・畑などの集落が散在している。地区一帯は秋の宮温泉郷になっており、鷹の湯・荒湯・宝寿などの温泉があり、新五郎湯・松の湯などの宿泊施設もある。県内で最古と言われる温泉地で、俗化されない静かな雰囲気が人気を呼んでいるという。湯雄医師会病院があり、付近は湯の岱森林公園になっている。

小学校は湯ノ岱にあったが、現在は更地になっている。矢地ノ沢に矢地ノ沢冬季分校（S46閉校）、畑に畑冬季分校（S45閉校）があった。ともに戦後の開拓地で、現在は半数以下に減少している。

湯ノ岱小学校メモ

開校	明治33年（1900）
閉校	平成15年（2003）
最盛時の児童数	179人
現在の地区児童数	5人
閉校碑・跡地碑	無し

校歌（一節）

大いなる緑は深く
そびえ立つ奥羽の山脈
ゆるぎなき高き心に
理想はるか
われらの湯ノ岱小学校

生内（おぼない）

湯沢市皆瀬

DATA

※令和元年末データ

- ●世帯数　41世帯
- ●人　口　118人

●地区にあった学校

生内小学校（同中学校）

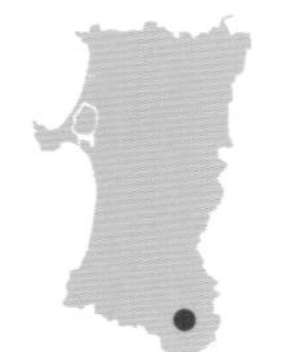

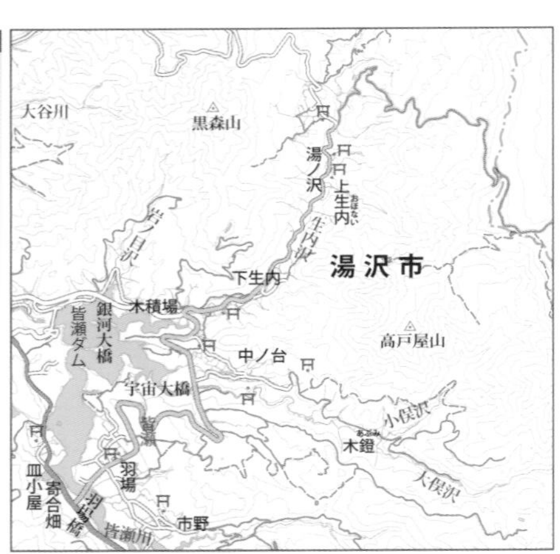

峠から中ノ台集落を望む

地区のあらまし

この地区は旧皆瀬村の東部に位置し、旧生内小学校の学区である。旧皆瀬村は雄物川の支流皆瀬川の上流に所在し、湯沢から国道398号（通称小安街道）を18kmほど進むと、市役所支所のある菅生（すごう）に至る。菅生から国道を4kmほど小安温泉方向に向かうと「皆瀬ダム」（昭和38年完工）がある。当地区はダムの北東部にあり、中ノ台・下生内・上生内・湯ノ沢などの集落が点在している。地区には菅生から皆瀬川の対岸にある市道を7kmほどで至る。また、国道をダムの上流から県道323号（小安温泉椿川線）に分岐して羽場（はば）橋を渡って進むこともできる。中ノ台の東方に木鐙（きあぶみ）（3世帯）があったが、平成5年に無人になった。

小学校は下生内にあり、中学校が併設（昭和46年閉校）されていた。跡地は更地になり、校歌と沿革を刻んだ碑が建っている。平成年代の小学校は、児童全員が高橋姓であったので、新聞やテレビに取り上げられたことがあった。

生内小学校メモ	
開校	明治16年（1883）
閉校	平成6年（1994）
最盛時の児童数	97人
現在の地区児童数	2人
閉校碑・跡地碑	あり

校 歌（一節）

緑の谷間小川のささやき

木の間にかけるかがやく光

明るい笑顔みつめるひとみ

のぞみの学びや生内小学校

落合（おちあい）

湯沢市皆瀬

DATA

※令和元年末データ

- ●世帯数　33世帯
- ●人　口　87人
- ●地区にあった学校

立岩小学校落合分校

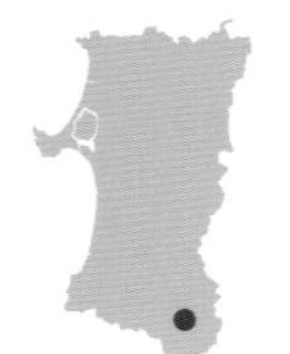

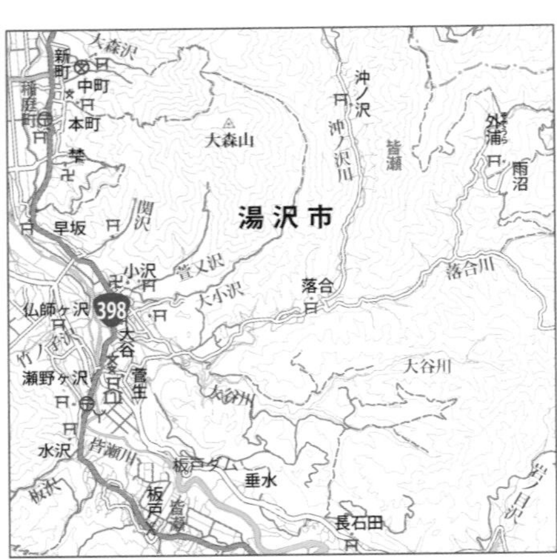

落合集落の入り口

地区のあらまし

この地区は旧皆瀬村の北部に位置し、旧立岩小学校落合分校の学区である。前項で述べたように旧皆瀬村は雄物川の支流皆瀬川の上流に所在し、湯沢から国道398号（通称小安街道）を18kmほど進むと、市役所支所のある菅生（すごう）に至る。菅生には皆瀬小学校、同中学校などがある。当地区は、菅生の北東の落合川を3kmほどさかのぼった所に所在する。手前に落合集落、2kmほど上流に沖ノ沢集落がある。ほかに雨沼（12世帯）、外浦（そでうら）（5世帯）の2集落があったが、平成4年に移転し無人になった。現在（令和元年末）、落合に16世帯・38人、沖ノ沢に15世帯・46人が生活している。

落合にあった小学校の分校には皆瀬中学校落合分校が併設（小学校と同時閉校）されていた。積雪地帯なので、冬期間は沖ノ沢冬季分校（S57閉校）、雨沼冬季分校（S55閉校）が開設された。落合分校跡と沖ノ沢冬季分校跡には地区会館が建設されている。

落合分校メモ

閉校	明治22年（1889）
閉校	昭和41年（1966）
最盛時の児童数	50人
現在の地区児童数	4人
閉校碑・跡地碑	無し

校歌（一節）

奥宮岳の朝風に
いたやかえでの若葉はそよぐ
季節は織りなす小安峡
きらめく光は皆瀬の子

（統合後の皆瀬小校歌）

96 羽後軽井沢（うごかるいざわ）

羽後町軽井沢

DATA

※令和元年末データ

- 世帯数　147世帯
- 人　口　423人
- 地区にあった学校

軽井沢小学校（同中学校）

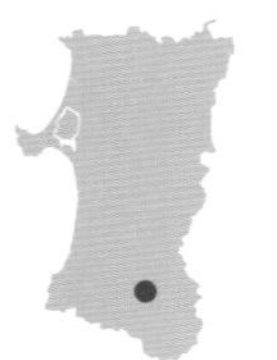

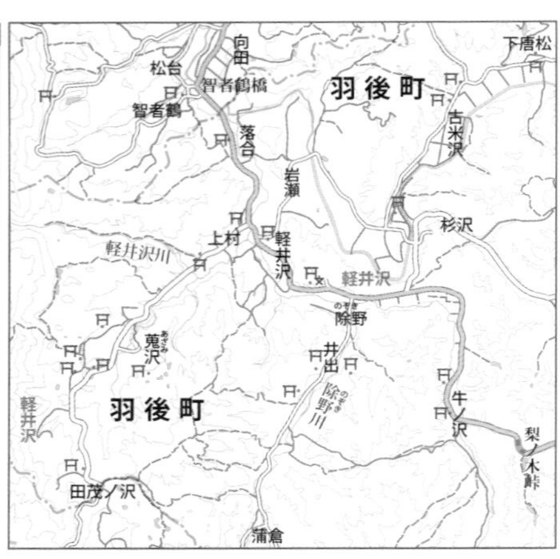

牛ノ沢集落から下流を望む

地区のあらまし

この地区は子吉川の支流高瀬川（石沢川）の上流域に位置し、旧軽井沢小学校の学区である。旧自治体の田代村には軽井沢、上到米、田代の大字があり、それぞれ小学校があった。当地区は高瀬川流域で一番下流にあり、60項の住吉地区と隣接している。上流に次項の上到米、98項の田代がある。西馬音内(にしもない)方向から県道275号（鴻屋(こうや)麓線）、東由利方向からは県道34号（羽後向田館合線）が通り、交通網が整っている。県道34号沿いに平地が開け、落合・岩瀬・上村・軽井沢・牛ノ沢・除野(のぞきの)・杉沢・井出・蒲倉・薊沢(あざみざわ)・田茂(たも)ノ沢などの集落が散在している。

小学校は軽井沢の高台にあり、中学校が併設（平成4年閉校）されていた。薊沢に薊沢分校（平成6年閉校）があった。小学校舎が残り、沿革と校歌を刻んだ碑が造られている。

『角川地名大辞典・秋田県』に「昭和50年時は225世帯・975人」と記載されている。

軽井沢小学校メモ

開校　明治15年（1882）

閉校　平成16年（2004）

最盛時の児童数　214人

現在の地区児童数　15人

閉校碑・跡地碑　あり

校歌（一節）

わきあがるわきあがる
高嶺の雲の色映えて
あふれるのぞみ眉若く
明るい瞳かわし合う
まなびの窓のすがしさよ
われらの母校軽井沢

上到米（かみとうまい）

羽後町上到米

DATA

※令和元年末データ

●世帯数　132世帯

●人　口　403人

●地区にあった学校

上到米小学校

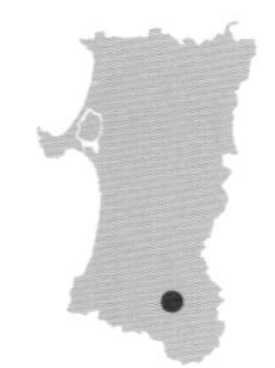

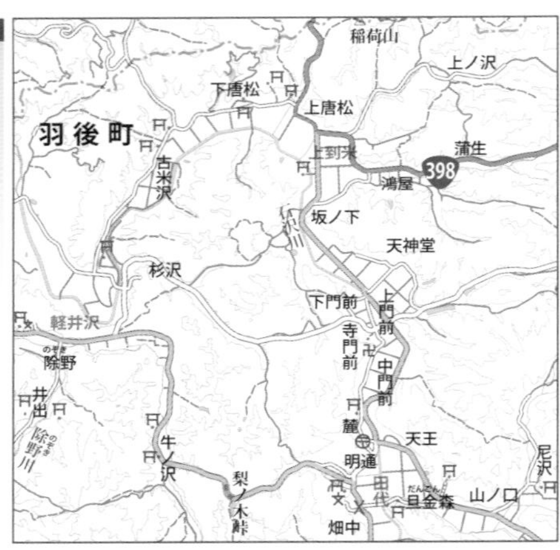

上到米小跡（赤屋根）を望む

地区のあらまし

この地区は子吉川の支流高瀬川（石沢川）の上流域に位置し、旧上到米小学校の学区である。前項で述べたように旧自治体の田代村には軽井沢、上到米、田代の大字があり、それぞれ小学校があった。石沢川は東由利地区から上流は通称高瀬川と呼ばれ、校歌や校名（東由利では旧高瀬小、田代では高瀬小、旧高瀬中）などに使用されている。高瀬川に沿って田んぼが広がり、坂ノ下・鴻屋（こうや）・蒲生（がもう）・上ノ沢・上唐松・下唐松・古米沢（こごめさわ）などの集落が散在している。地区内を国道398号と県道275号（鴻屋麓線）が通り交通の便が良い。小学校の校舎と体育館残り、田代福祉センターになっている。

『秋田県の地名』（平凡社）によると、元禄、享保期（1700年代前半）は唐松村と呼ばれたという。『角川地名大辞典・秋田県』に「昭和50年時は169世帯・人口804人」と記載されている。

演歌歌手の岩本公美さんは、この地区の生まれである。

上到米小学校メモ

開校　明治15年（1882）

閉校　平成16年（2004）

最盛時の児童数　190人

現在の地区児童数　11人

閉校碑・跡地碑　あり

校歌（一節）

しぶきをあげる高瀬川

平和の流れ広めつつ

きょうもうれしく学ぼうよ

おーおー上到米小学校

98 羽後田代（うごたしろ）

羽後町田代

DATA

※令和元年末データ

- 世帯数　188世帯
- 人　口　473人
- 地区にあった学校
  田代小学校

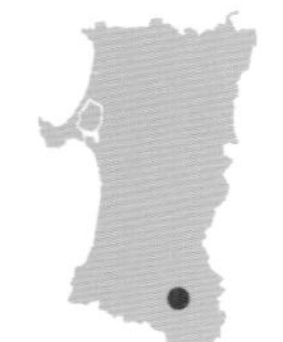

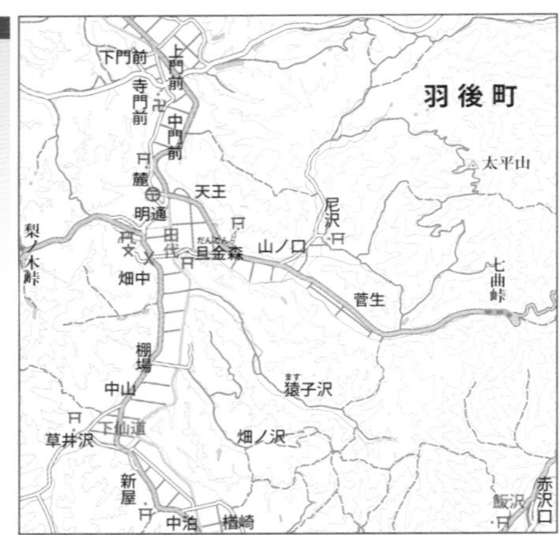

田代麓を望む（左が長谷山邸）

地区のあらまし

この地区は子吉川の支流高瀬川（石沢川）の上流域に位置し、旧田代小学校の学区である。前項で述べたように旧自治体の田代村には軽井沢、上到米、田代の大字があり、それぞれ小学校があった。当地区には、田代麓・明通（あきどおり）・天王・寺門前・下門前・中門前・上門前・天神堂・畑中・猿子沢（ますこざわ）・旦金森（たんこんもり）・山ノ口・尼沢（あまさわ）・菅生などの集落が散在している。地区内を景勝地「七曲峠」のある県道275号（鴻屋麓線）、県道34号（羽後向田館合線）が通り、交通網が整っている。元参議院議員・長谷山行毅氏（1908～77）はこの地区の生まれで、生家の長谷山邸は羽後町総合交流促進施設になっている。蔵は「鎌鼬（かまいたち）美術館」（秋田市出身の舞踏家・土方巽（ひじかたたつみ）の関連資料展示）になっている。小学校は明通にあった。跡地は更地になっている。中学生は前項の上到米小とともに田代中学校に通った。『角川地名大辞典・秋田県』に「昭和50年時は259世帯・1128人」と記載されている。

田代小学校メモ

開校　明治7年（1874）

閉校　平成16年（2004）

最盛時の児童数　301人

現在の地区児童数　11人

閉校碑・跡地碑　あり

校歌（一節）

明日をひらく東北の
緑の水のみなもとよ
高瀬の流れ音たかく
あつい希望を歌おうよ
はげまし合って進もうよ

仙道（せんどう）

羽後町下仙道、中仙道

DATA

※令和元年末データ

- 世帯数　289世帯
- 人　口　753人
- 地区にあった学校
  仙道小学校

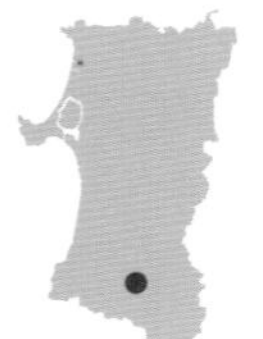

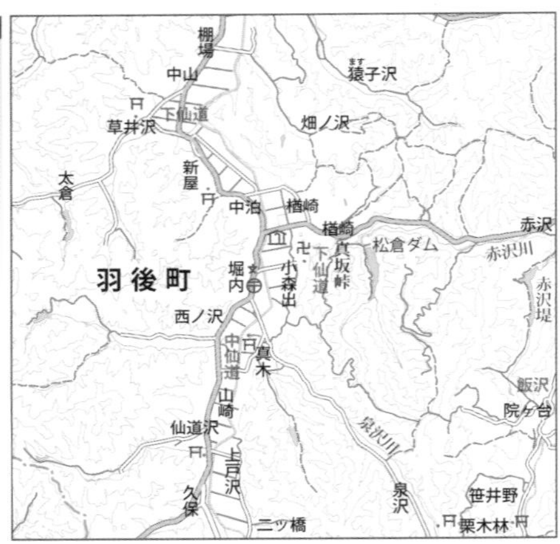

上仙道から仙道小跡（遠方の白い塔）を望む

地区のあらまし

この地区は子吉川の支流高瀬川（石沢川）の上流域に位置し、旧仙道小学校の学区である。前項の田代地区の上流部に所在する。旧自治体の仙道村には下仙道、中仙道、上仙道の大字があり、仙道小学校は下・中仙道が学区であった。石沢川は東由利地区から上流は高瀬川と呼ばれ、前述したように校歌などに名前が使用されている。高瀬川に沿って田んぼが広がり、棚場（たなば）・中山・中泊（なかどまり）・楢崎（ならさき）・堀内・太倉（だいくら）・真木・泉沢・西ノ沢・山崎などの集落が散在している。県道34号（羽後向田館合線）と同57号（十文字羽後鳥海線）が地区内を通っている。中泊に高瀬ケアセンター、堀内に郵便局がある。小学校の近くには仙道中学校（平成4年閉校）があり、次項の上仙道地区も通った。小学校の校舎と体育館が残り、「仙道健康増進センター」になっている。隣接して「せんどうこども園」が建っている。『角川地名大辞典・秋田県』に「昭和50年時は295世帯・1322人」と記載されている。

仙道小学校メモ

開校　明治15年（1882）

閉校　平成16年（2004）

最盛時の児童数　295人

現在の地区児童数　18人

閉校碑・跡地碑　あり

校歌（一節）

高瀬の流れをそよ風わたる
はばたく心が小鳥のようだ
今日のかけっこ明日の力
みんなでみんなできたえましょうよ
正しく清く伸びゆく
仙道小学校

上仙道（かみせんどう）

羽後町上仙道

DATA

※令和元年末データ

- ●世帯数　74世帯
- ●人　口　205人
- ●地区にあった学校

上仙道小学校

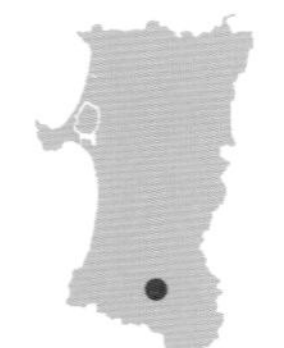

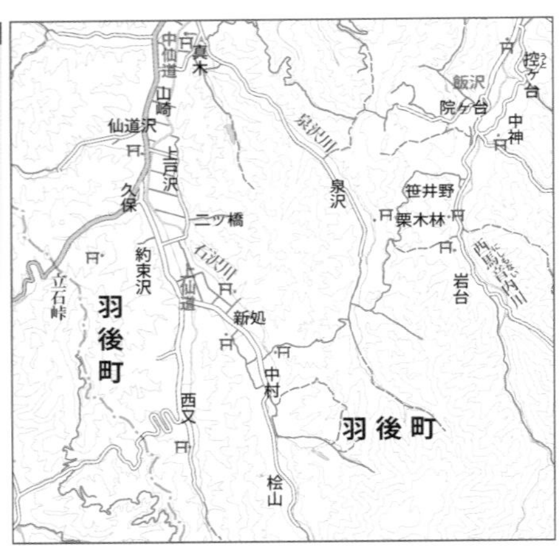

上仙道小跡（右）と上流の集落

地区のあらまし

この地区は子吉川の支流高瀬川（石沢川）の最上流域に位置し、旧上仙道小学校の学区である。前項の仙道地区の上流部に所在する。旧自治体の仙道村には下仙道、中仙道、上仙道の大字があり、上仙道小学校は文字通り上仙道地区の学校だった。石沢川は東由利地区から上流は通称高瀬川と呼ばれ、校歌などに名前が使用されていることは前項で述べた。高瀬川に沿って上到米、田代、仙道と田んぼが続き、当地区に至る。仙道沢・久保・二ツ橋・約束沢・新処（あらところ）・中村・桧山・西又の集落が散在している。沢違いの桧山、西又は最上流の集落で、高瀬川の源流部になる。県道57号（十文字羽後鳥海線）は、久保から立石峠を越えて由利本荘市下笹子（じねご）に通じている。新処に伝承されている仙道番楽は県指定無形文化財である。校舎の一部が残り、「上仙道ふれ愛の里・ポプラ館」になっている。『角川地名大辞典・秋田県』に「昭和50年時は169世帯・838人」と記載されている。

上仙道小学校メモ

開校　明治15年（1882）

閉校　平成8年（1996）

最盛時の児童数　221人

現在の地区児童数　9人

閉校碑・跡地碑　あり

校歌（一節）

ゆたかにみのる田やはたけ
見ればカがわいてきて
みんなの希望あこがれが
窓いっぱいにあふれてる
ああ上仙道小学校

飯沢（いいざわ）

羽後町飯沢

DATA

※令和元年末データ

- 世帯数　137世帯
- 人　口　363人
- 地区にあった学校

　飯沢小学校

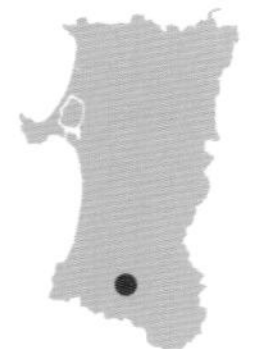

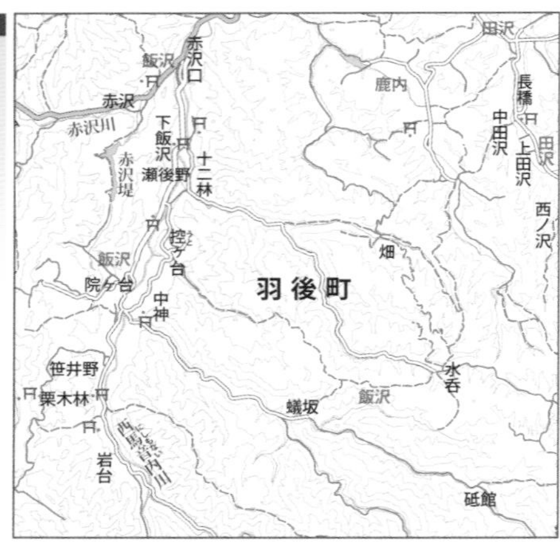

飯沢小跡から下流を望む

地区のあらまし

この地区は雄物川の支流西馬音内川の上流域に開けた土地で、旧飯沢小学校の学区である。県道57号（十文字羽後鳥海線）を赤沢口から分岐すると、西馬音内川に沿って下飯沢・十二林・瀬後野・控ヶ台・先達沢・中神・院ヶ台・岩台の集落が続いている。上流部にあった蟻坂（7世帯）、水呑（5世帯）、砥館（7世帯）の小集落は、昭和40～60年代に無人になった。平成元年2月、私はこの3集落を調べるため、小番商店にお邪魔したことがある。32年ぶりの訪問は懐かしかった。先達沢に国の重要文化財の鈴木家がある。鈴木家は、源義経の家臣・鈴木三郎重家がこの地に住み着いたのが始まりと伝えられている。享保18年（1733）に中門立替えの記録が残っているという。校舎が残り、「沢の子杜 わか杉」の看板が掛けられ、前庭に沿革と校歌を刻んだ碑が造られている。『角川地名大辞典・秋田県』に「昭和50年時は180世帯・802人」と記載されている。

飯沢小学校メモ

開校　明治17年（1884）

閉校　平成17年（2005）

最盛時の児童数　207人

現在の地区児童数　12人

閉校碑・跡地碑　あり

校歌（一節）

朝明けの大黒山に
北国の魂はばたく
山脈の歴史をあおぎ
たくましく新しい大地をひらく
みちのくの草の根よ
ひかる生命よ

椿川（つばきかわ）

東成瀬村椿川

DATA

※令和元年末データ

●世帯数　206世帯
●人　口　447人

●地区にあった学校
椿川小学校

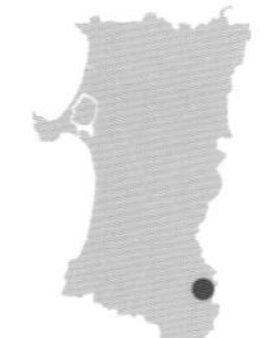

上流から手倉集落を望む

地区のあらまし

この地区は雄物川の支流成瀬川の上流域に位置し、旧椿川小学校の学区である。東成瀬村は南北に長い村である。真ん中を成瀬川が流れそれに沿って国道342号が走り、17kmほどにわたって集落が点在している。田子内が村の中心地で村役場、東成瀬小学校、同中学校がある。かつて村には東成瀬小、岩井川小、椿川小、大柳小の四つの小学校があった（平成13年統合）。東成瀬小から5kmほど上流に岩井川小があり、椿川小はさらに5kmほど上流にあった。国道に沿って、手倉・椿台・重里台・間木・小五里台・五里台などの集落が続いている。小学校は椿台にあり、東成瀬中学校椿川分校が併設（昭和52年閉校）されていた。校舎がそのまま残り「まるごと自然館」（東成瀬村の自然紹介と体験）になっている。藩政時代には手倉に手倉番所があった。

『角川地名大辞典・秋田県』に「昭和50年時は265世帯・1134人」（次項の大柳と合算）と記載されている

椿川小学校メモ

開校　明治16年（1883）

閉校　平成13年（2001）

最盛時の児童数　187人

現在の地区児童数　8人

閉校碑・跡地碑　無し

校歌（一節）

そびえる雄姿栗駒と

成瀬の恵みに育まれ

伸びゆくわれら学舎に

照らせよ永遠に椿川

大柳（おおやなぎ）

東成瀬村椿川

DATA

※令和元年末データ

- 世帯数　47世帯
- 人　口　138人
- 地区にあった学校
  大柳小学校

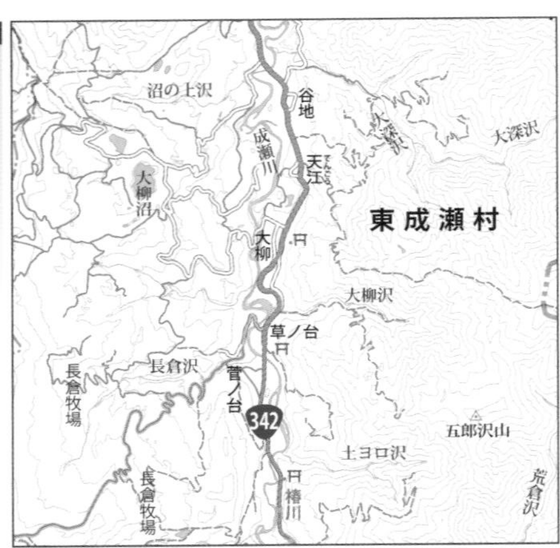

上流から大柳集落を望む

地区のあらまし

この地区は雄物川の支流成瀬川の最上流域に位置し、旧大柳小学校の学区である。東成瀬村は南北に長い村で、真ん中を成瀬川が流れ、それに並行して国道342号が走っている。当地区は村の中心地・田子内から17kmほど上流にあり、谷地・天江(てんごう)・大柳・草ノ台・菅ノ台などの集落が点在している。上流域に成瀬ダムが建設中で工事の最中である。これに伴い桧山台集落(非水没)が全戸移転した。谷地の西方に大柳沼があり、沼の手前に"白滝養魚場"がある。

大柳小学校は小中併設校で、昭和33年に校長として勤務した伊藤緑郎氏(故人)は『村の春秋・第六集』で「昭和22年に東成瀬中学校大柳分校併設。同29年に大柳小学校として独立。同33年4月、小学校3学級・90人・職員4人。中学校3学級・33人・職員4人」と概要を記している。校舎が残り「成瀬川交流館」となっている。上流に桧山台分校(昭和54年閉校)と仁郷分校(同27年閉校)があった。

大柳小学校メモ

開校　明治16年(1883)

閉校　平成13年(2001)

最盛時の児童数　131人

現在の地区児童数　4人

閉校碑・跡地碑　無し

校歌(一節)

栗駒高く雲仰ぎ
清き成瀬の水浴びて
おいたつわれらが学びやに
希望の朝の日がのぼる
いざいざ学ばん手をとりて

終章

地区再生の私見

地区再生のためには何をすればよいのか。以下、私の考えを羅列した。

■日本創生会議から出された『地方消滅』

平成26年(2014)8月、『地方消滅』(中公新書)という本が発行された。これは「日本創生会議」(増田寛也氏を中心にした有識者の会)が5月に発表したものを冊子にしたものである。2040年には日本の896町村が消滅(秋田県は大潟村を除く24市町村)しかねないというショッキングな内容であり、多くの人が目にされたことであろう。しかし6年経った今、この衝撃さは薄らぎつつあるように思う。人間の心は時間とともに忘れるようにできているのだから。

私たちは、「過去」「現在」「未来」の時間軸で生きている。過去のことが次第に忘れられていくように、未来についても深く考えないのが一般的でなかろうか。児童数の減少が、将来「ムラ消滅」へとつながっていくことを心に留めなければならない。

■国の地方創生政策

「日本創生会議」の発表から3カ月後の9月、安倍晋三内閣は「まち・ひと・しごと創生本部」を発足させ、地方創生を掲げた。この中には看板政策とも言える「地方移住促進」「中央官庁の地方移転」「企業の地方移転」がある。しかし、6年経った今、目に見える効果が上がっていない。むしろ、この6年間で地方は少子高齢化と人口減少が加速し、東京圏の一極集中が止まらない状況である。看板倒れと言える。

だが、よく考えてみれば政府だけを一方的に攻めることはできない。地方にも責任があるように思う。国が何かをやってくれるであろうと腕組みをして待ち望んでいた面があるのではないだろうか。せっかく政府が旗を上げたのだから、県や市町村はこれに応えて「ここに某企業を」「ここには某施設を」と強力に要望しただろうか。「笛吹けど踊らず」の言葉があるが、国が笛を吹いても、肝心の地方が踊らなかった反省があるように思う。政府は、頑張る地方を応援すると言っているのだから。

ただ、国の地方創生政策は打ち切られたわけではない。今からでも遅くはないので、「企業の移転」「官庁の移転」「国の研究所の誘致」を積極的に運動すべきである。

令和2年の新しい年がスタートしてまもなく発生した新型ウイルスコロナ禍は大都市の弱さを露呈した。令和2年8月6日の秋田魁新報社説は「地方回帰の潮流逃すな」と主張している。ものを行うには潮時ということがある。潮目が変わろうとしている今、地方は声を上げなくてはならない。

イージス・アショアの新屋配置計画では、地元住民を中心にした強力な反対運動が功を奏し、国に計画を撤回させた勢いが秋田県にはある。この元気さを今度は、○○誘致運動に替えて行ったらどうだろうか。例えば「農水省を秋田県に」という大胆な運動を起こしてもいいのではないだろうか。

■首長・議員の仕事は「食い扶持をつくる」こと

令和2年3月30日の秋田魁新報に、内閣官房長官・菅義偉氏（現内閣総理大臣）と姜尚中（カンサンジュン）氏（政治学者）との対談が掲載されていた。この記事は、姜尚中氏が「政治の器量　ウェーバー再考」と題してシリーズで掲載しているもので、菅氏は「政治家の仕事は国民に食い扶持をつくることだ」と強調していた。私はまったくその通りだと思った。政治・行政の仕事は身近なことから外交まで幅広いが、大局的には国民に働く場（就労の場）をつくり所得を確保することである。

これは地方も同じである。首長・議員の仕事は「食い扶持をつくること」である。地方には地方の諸問題が山積している。だが、これに明け暮れして働き場をつくるという大局をおろそかにするようなことになってはならない。「木を見て森を見ず」になってはいけないのである。

私の偏見かもしれないが、農山村部の議員の多くは人口減少問題に消極的なような気がする。「世の中の流れだから仕方がない」「もがいてもなるようにしかならない」というあきらめムードになってはいないだろうか。

働く場を創出しないこと以外に、農山村部の再生はない。

棚上げにしないで、議員は真っ向から取り組むべきである。

■地方再生は働く場を創ることに尽きる

平成26年（2014）に日本創生会議が打ち出した試算によると、秋田県内では大潟村を除く24市町村が消滅の危機にあるとされる。人口の減少により自治体として成り立たなくなるからである。

今、農山村部を訪れて耳にするのが、「農業もダメ、林業もダメ、大工も、商店もそのとおりだ。それなりに生活しているのは役場職員と農協職員だけだ」という言葉である。地区の状況をよく表していると思う。

それならば、すべて公務員や農協職員になれば問題は解決するのであるが、定員があるからそうはいかない。それに代わるものとして企業を誘致して就労の場をつくる以外にないのである。

これを裏付ける事例を3点紹介したい。

〈その1〉

鉱業が盛んだったころの秋田県内には多くの鉱山町があった。ほとんどが町の中心部から遠く離れた山間地にあった。大葛金山（大館市。49ページ参照）、宮田又鉱山（大仙市。167ページ参照）、日三市鉱山（仙北市。181ページ参照）などは狭い谷間にびっしりと住宅が並び、都市並みの活気があったという。これは安定した職場があればどんな地域でも繁栄するという証拠である。

大潟村はこれに似ている。村はＪＲの駅から遠く、高校もなければ病院もない。それなのに地方創生会議の消滅リストから外れているのは農業という働く場があり、農業一本でサラリーマンの給料に匹敵する収入が得られるからである。

〈その2〉

序章で秋田県の人口は昭和31年（1956）の134万9936人をピークに年々減り続けたと述べたが、正確に言うとそうではない。昭和54年（1979）には人口が増加に転じている。

少し詳しく述べると、昭和53年に124万7287人に下がった人口は、54年には125万965人と増加に転じ、56年には125万8164人にまで回復した。60年までは125万人を保ったが、61年には125万人を切り再び減少をたどった。

昭和54年から60年までの6年間に何があったのだろう。それは働く場が拡大されたのである。

昭和55年11月11日の毎日新聞は、「県内人口着実に回復」「29市町村で大幅増か」「雇用の場が拡大」の見出しで、「5年に1回の国勢調査による人口は35年から4回20年間続けて減少しており、増加に転じたのは30年の調査以来のこと。人口増の地域は県都・秋田市だけでなく本荘、大曲など地方都市にも広がっており、県は“地域ごとに雇用の場が拡大したあらわれ”と評価している」と述べている。

〈その3〉

東成瀬村の人口は昭和30年時が6252人、現在(令和2年)は2505人となり、60%減少している。だが、ここ2、3年は人口が増加している。それはダム建設が行われているからである。

令和2年6月、本書に掲載する写真撮影のため東成瀬村を訪れた。成瀬ダム建設の最中で、工事車両が絶え間なく走っていた。突然大きな集落が目に入ったので近づいてみたら、工事関係者のプレハブ住宅の集まりだった。ちょっとした街のように建物が並んでいた。仕事があれば、人間が集まり、このように街ができることを実感した。この人たちが人口増につながっていることが分かった。

それでは具体的に何をどのようにすればよいのだろうか。

■旧小学校区を単位に企業の誘致を

序章で旧小学校の学区は、人々の連帯意識が強く、生活圏の基礎であったと述べた。54ページの坊山地区の項に一教師の思い出を掲載した。それは「昭和30年代に学校にテレビが入ったが、秋田放送が受信できず、青森放送を視聴した。長い杉の木を3本立ててその上にヤグラを組んでアンテナを取り付けた。何事も3部落で力を合わせて行った」というものである。これは坊山小学校に限らず、どの学校も同じであったと思う。「グラウンドの拡張」「バックネットの取り付け」など住民総出で勤労奉仕しながら学校維持に力を合わせたことだろう。このように学校は地区の拠(よ)り所であった。この砦(とりで)とも言える学校が無くなってから地区は余計寂れてしまった。この小学校区に企業を誘致するのである。

旧上岩川小学校（92ページ）を例に挙げると、二階建て鉄筋コンクリート造りの校舎がそっくり残っており、広いグラウンドやプールもそのままだ。ここに企業を誘致するのである。グラウンドやプールは厚生施設として使用すればよい。グラウンドやプールを備えた会社はそんなにないのではなかろうか。

ほかにも校舎がそっくり残っているところが多くある。これについては2章を見ていただきたい。

■「教育の機会均等」運動から学べ

昭和30年代に入ると「教育の機会均等」が叫ばれ、教職員を中心に運動が広がった。農山村部の学校も都市部の学校と同様の教育環境の実現を旗印にしたものだった。この運動は全国的なうねりとなり、その結果、どんな片田舎の学校も鉄筋コンクリート造りの立派な校舎が建ち、設備や教材は都市部と同じように充実し、教員の数も大幅に増えた。

最初は誰しも「都市と同じ条件になるはずがない。夢みたいな話だ」と思ったことであろう。だが実現したのである。

実現すると、人間の気持ちは不思議なもので、それが当たり前のように思ってしまう。「コロンブスのたまご」である。

■「働く場の機会均等」運動を起こそう

多くの人たちは「旧小学校区に企業の誘致なんて、そんなことできるはずがない」と思うことだろう。これは固定観念である。この悪い固定観念を捨て「教育の機会均等」の精神と実践から学びとり、「働く場の機会均等」運動を起こすのである。

「教育の機会均等」は教育関係者によって行われた。「働く場の機会均等」は市町村議、県議など地方議員が役目を担うべきである。全国の議員が連携し、全国的な運動を展開して政策の大転換を求めるのである。

政府の「まち・ひと・しごと創生本部」の語呂にケチを付けるつもりはないが、順序が逆のように思う。「しごと・ひと・まち」になるのではなかろうか。水が高い所から低い方に流れるように、「仕事」があれば、「人」が集まり、そして「街」ができるのである。

地元に仕事があれば、何も県外に就職する必要がなくなり、若い人たちが残る。若い人たちがいれば子供ができる。子供の声が聞こえればムラは明るくなり、地域は活性化するのである。

同じことの繰り返しになるが、ムラ再生のカギは「働く場の創出」に係っている。

終章

■いまこそ議員は立ち上がれ

この文をしたためている令和2年8月、我が大潟村では村長と村議の選挙が行われた。どちらも立候補者は定員内だったので選挙は行われなかった。そのため公約や主張を掲載した選挙公報は発行されなかった。法律（公職選挙法）で定められているからである。私は、①村づくりに対して住民の関心を高めるため、②次回の選挙の際に公約や主張がどの程度実現されたか評価するため、この二つの理由から選挙の有無にかかわらず広報は発行すべきだと考える。

話が本題から逸れてしまったが、私は前回までの選挙公報を全部保管している。それには議員（立候補者）の多くが総花的にたくさんの公約を掲げている。村長と似たような政策である。村長は地域、住民すべてを配慮し、バランスのとれた政策を掲げなければならないが、議員は自分が特に実現したいものを強調し、独自のカラーを出すべきだと思う。農業、福祉、教育など自分の得意分野に力を傾倒するのである。総花的に公約を羅列した議員は、何も足跡を残さないで任期を終えてしまう人だと私は思っている。これは何も大潟村だけでなく、ほかの市町村にも同じことが言えると思う。

そこで、市町村議や県議にお願いがある。「働く場を創出し、人口の増加に全力を注ぐ」という公約を第1番に掲げ、実行に移してくれる人が多く出てきてほしいと。

■地域おこし協力隊の増員

総務省が「地域おこし協力隊」制度を始めたのは平成21年(2009)である。地方に都市部の人材を移住させ、地域の活性化を図ることを狙ったものである。活動内容は、地場産品の開発と販売、地域の魅力の発信、移住のＰＲなどである。

とても良い制度に思えるが、身分の保障がないという欠陥がある。3年間は国が手当を補助するが、4年目からは地方に一任されるようになっている。平たく言うと、4年目からは、その隊員を必要であれば雇用すればいいし、不必要ならばクビにしてもよいということである。これでは身分が不安定で、良い人材が集まらない。協力隊員の身分を公務員並みに補償し、その費用は国が持つべきである。

令和2年1月14日の秋田魁新報によると、秋田県内でこれまで協力隊員になったのは157人という。そして令和元年11月1日までに退任したのは91人で、このうち県内に定住したのは45人だけであり、制度の目的が生かされていないという。もっと充実した制度にする必要がある。

同時に、隊員を大幅に増員すべきと考える。かつての教員並みの増員を望みたい。小学校の教員の数を一覧表にすると次のようになる。

【秋田県の小学校教員数の推移】

年度	昭和32	同33	同34	同40	同50	平成元	令和元
教員数	6,170	6,337	6,376	5,859	5,460	5,254	3,212

再度上岩川を例に挙げると、昭和33年度の上岩川小学校は児童数473人であった。12クラスあり、14人の教員がいた。この教員数14人と同じ数を地域おこし協力隊員として配置したら地区再生の強力な力になることであろう。

繰り返しになるが、運動すれば実現するのである。「出来るはずがない」という悪い固定観念をまず捨てることである。

■対症療法と根本的治療とは違う

もう一つ付け加えたいのが、対症療法と根本的治療を勘違いしてはならないことである。

伝統行事や祭りを復活させ、地域活性化を図る取り組みが各地で行われていることがマスコミで紹介されている。とても良いことであり、この地域の人たちの頑張りに敬意を表したい。また、イベントを開催して交流人口を増やす取り組みも行われていることも素晴らしいことである。

しかしこれは、地方創生という大きい観点からみれば対症療法なようなものであって、根本解決にならない。安定した職場があり、人口が増加してこそ、伝統文化の継承もイベントも長続きするのである。

■将来を見据えることが大事

前にも述べたが、私たちは過去・現在・未来の時間軸で生きている。この中で人間はどうしても現在のことに心を奪われがちになる。令和2年の年明け早々起こった新型肺炎コロナ騒動。7月初めの熊本豪雨から始まった日本各地の洪水被害。このように今起こった問題には真剣になるが、20年後、30年後の話になるとどうしても本気度が今一になってしまう。これは人間の性かもしれないが、働く場の創出をおろそかにすれば、近い将来、コロナ禍以上の社会問題が起こることになる。今、対策を講じなければ手遅れになることを心に刻まなければならない。

■結び

働く場があれば　人が集まる
人が集まれば　ムラが活気づく
ムラに活気が戻れば　若い人が増える
若い人が増えれば　子供ができる
子供の歓声が聞こえれば　ムラが明るくなる
　そしてムラは再生する

働く場の創出なくして　ムラの再生はない
　今やらないと手遅れになる

あとがき

令和2年の夏は、コロナ禍の影響により夏祭りも盆踊りもない静かな夏だった。また、秋田県は梅雨明けの発表もなく物足りない夏でもあった。独りで部屋にこもりこの章を記す。と終わりの言葉をしたためて区切りを付けようとしていたところ、8月28日突然、安倍晋三首相辞任のニュースが報じられた。そして9月16日、第99代内閣総理大臣に秋田県湯沢市出身の菅義偉氏が選出された。菅首相は総務大臣時代に「ふるさと納税制度」を導入するなど地方創生に力を注いだ方である。「頑張る地方を応援する」という言葉に応えて、待つ姿勢ではなく攻めの姿勢で積極的に取り組まなければならないと思う。

蛇足になるが、菅首相の生まれは旧秋ノ宮村である。合併により雄勝町になった昭和30年時には人口4828人を数えたが、令和元年末は1499人となり、減少率が69%と高くなっている。菅首相が学んだ秋ノ宮小学校、同中学校も廃校になった。菅首相は自民党総裁選出馬表明のあいさつで「雪深い秋田の農家の長男に生まれました……地方を大切にしたいという気持ちが脈々と流れています……」と述べている。農山村に光が当たる政策を期待して筆を置く。

著者

参考文献及び引用資料

『日本地名大辞典・秋田県』(角川書店・1980)
『秋田県の地名』(平凡社・1988)
『秋田県町村合併誌』(県町村会編・1960)
『秋田県道路地図』(昭文社・2019)
『秋田県教育史』(秋田県教育委員会・1986)
『秋田県教育委員会50年のあゆみ』(秋教委・1998)
『秋田県勢要覧』(秋田県・2019)
『菅江真澄遊覧記』(平凡社・1990)
『秋田県近代総合年表』(無明舎出版・1988)
『秋田大百科事典』(秋田魁新報社・1981)
『秋田人名大事典』(秋田魁新報社・1974)
『秋田県教職員録』(秋田県教育会館・1957～2020)
『秋田県昭和史』(無明舎出版・1989)
『あきた新風土記』(秋田魁新報社・1961)
『新あきた風土記』(秋田魁新報社・1983)
『失われた学校(本校)の記録』(秋教祖大館北秋支部・1987)
『失われた学校の記録』(秋教祖能代山本支部・1994)
大野源二郎著『学び舎』(秋田魁新報社・2004)
増田寛也編『地方消滅』(中央公論新社・2014)
『秋田県の校章・校歌集』(秋田県教育協会・2008)
大内町閉町記念誌『大内悠久録』(大内町・2005)

著者略歴

佐藤晃之輔（さとうこうのすけ）

1942年
秋田県由利本荘市東由利老方字祝沢に生まれる
1970年11月
第4次入植者として大潟村に移る。農業。

〈所属団体〉　秋田ふるさと育英会代表
秋田県発明協会会員
秋田県文化財保護協会会員
秋田県歴史研究者・研究団体協議会会員
菅江真澄研究会会員

〈著書〉　『秋田・消えた村の記録』（1997・無明舎出版）
『秋田・消えた分校の記録』（2001・同）
『秋田・消えた開拓村の記録』（2005・同）
『伊能忠敬の秋田路』（2010・同）
『祝沢・分校と部落のあゆみ』（1994・私家版）
『高村分校の軌跡』（1996・同）
『小松音楽兄弟校歌資料』（2003・同）
『秋田・羽州街道の一里塚』（2013・秋田文化出版）
『秋田・消えゆく集落180』（2017・同）
『秋田・ダム湖に消えた村』（2017・同）
『秋田・八郎湖畔の歴史散歩』（2018・同）

秋田・ムラはどうなる

2020年12月15日　初版発行
定価（本体１８００円＋税）

著　者　佐　藤　晃之輔

発　行　秋田文化出版株式会社
〒010－0942
秋田市川尻大川町２－８
ＴＥＬ（018）864－3322（代）
ＦＡＸ（018）864－3323
＊

ISBN978-4-87022-594-7
地方・小出版流通センター扱

本書から数値を引用・転用する場合は、再度調査のうえ、自らの責任で行なってください。